英雄伝説の日本史

関 幸彦

講談社学術文庫

はしがき

敗れし者の記憶、伝説にはそんな側面もあるようだ。政争や戦乱の敗者が伝説を介し、復活・再生する。その蘇《よみがえ》り方は決して直線的ではない。多分に屈折した虚像をともなう場合もある。本書の主題は、この歴史の敗者たちの姿をふくめ、伝説化した英雄たちを語ることにある。歴史にちりばめられた伝説の記憶への追求でもある。

記憶としての伝説が含意するニュアンスはたしかに複雑だ。時代の本質が凍結したまま伝説は歴史の古層に沈殿している。いうまでもなく伝説とは、ある史実が、加工され肥大化されたものだろう。その限りでは、伝説は時代とともに変化する。史実との距離はむろん遠くなる。本書の目的は、そうした伝説の諸相を語ることにある。本書のバックグラウンドをなす中世は、伝説創成の時代だった。怨霊《おんりょう》伝説しかり、調伏《ちょうぶく》伝説しかり、種々の形態の伝説が顔をそろえる段階といえそうだ。その最たるものが、『平家物語』や『太平記』などの軍記作品だろう。軍記作品は伝説の宝庫でもあった。

確認しておきたいことがある。それはここでの目的が伝説と史実との距離を云々しようとするものではないという点である。射程はあくまで伝説の変貌の過程にある。虚実さまざまに取り沙汰されている中世の伝説を介し、そこに付着した逸話からどのような問題を汲み上げることができるのか。その切り口をまずもって明確にしておく。ここでは「敗者の復活」「武威の来歴」「異域の射程」の三つを当面の主題としつつ、それらを各章の副題として配し、議論を展開したいと考えている。いずれも中世史に根ざした固有の興味深いメニューのはずである。

そこには平将門《たいらのまさかど》もいれば菅原道真《すがわらのみちざね》も、さらに坂上田村麻呂《さかのうえのたむらまろ》や藤原利仁《ふじわらのとしひと》、あるいは源頼光《みなもとのよりみつ》そして義経《よしつね》も為朝《ためとも》もいる。伝説の素材とされた英雄たちが顔をそろえている。ここで取り上げた人物の多くは、史実においては敗者だった。この敗者が伝説を介して歴史に蘇る過程が課題となる。無論、史実との緊張関係を保持しながらという限定つきではある。要は中世の伝説を介し歴史を再発見するこころみである。

そしてもう一つの課題は、伝説が肥大化する過程で、近世あるいは近代の歴史の枠組みに与えた影響にも思いを致すこと、いわば日本人の歴史観の祖型についての考察である。この大きな大きな問題のハードルはそれなりに高い。中世の領域をはるかに超え、近世そして近代へと連動する内容をふくむはずである。そこでは多分に時代を越境する思考が必要となろう。

これは時代の枠組みについてのことだが、越境云々については、学問領域に関してもいえる。伝説は文学や民俗学の分野と同居し、歴史学とは別居の状態にあった。それゆえにか伝説を歴史の場で問題としようとする場合、どんな方法なり手続きがあるのか、議論が一定していない。その高いハードルを越えるには相当量の助走も必要だろう。

以上の課題に接近する方法として、まず近世江戸期の文芸作品、例えば浄瑠璃《じょうるり》や歌舞伎《かぶき》の世界から話をはじめたい。つまりは変容し、変化した極致としての江戸期の諸文芸が、伝説化した中世の人物をどう扱っているのか、これを問題とすることから議論したい。伝説のつくられ方が明確にならなければ、史実との距離を云々しても説得的ではないからである。別のいい方をすれば、史実はどうであったか、という歴史学の根本命題に立ち入るための前提として、真っ向から切り込むことの無謀さよりは、回り道だが〝史実でなかったことは何か〟を究明することも無駄ではあるまい。

伝説は同一の座標の上で足し算・引き算しなければ、加工のされ方も不明だろう。異なる象限《しょうげん》から史実を声高に叫んでみてもさほどの意味があるとも思えない。架空の伝説的世界には史実を超えた堅固な観念の実在性があるはずだ。つまりは史実と伝説の両者の質的な相違を意識的に考えなければ、単に伝説の背後にある類似の史実云々の指摘で終わりかねないのではないか。

いずれにしても、楷書風の歴史学の重要さをふまえつつ、英雄伝説をボーリングすることで、歴史学の新しい楽しみ方が味わえればと思う次第である。伝説にからめとられる危惧を感じつつも、ということだ。

目次

英雄伝説の日本史

英雄伝説の日本史

第一章　再生する英雄たち　江戸のなかの中世

英雄あれこれ

浄瑠璃《じょうるり》も歌舞伎《かぶき》も語り物を土台にしているという点では同根だ。その意味でいえば江戸後期に隆盛を極める講談《こうだん》にせよ、落語《らくご》にせよ、庶民への情報伝達という場面では同様だろう。まず、手はじめに歴史上の人物で、こうした語り物系の諸作品に顔をのぞかせている人々を列挙しておこう。庶民の人気のバロメーターがわかる。

　さしあたりは、本書の主題にそうべく平安期から鎌倉・南北朝の中世前期に活躍したヒーロー、ヒロインたちが対象だ。当然ながら伝説の原点は『平家物語』と『太平記』である。この両者に取材したものは、中世後期の謡曲《ようきょく》あるいは御伽草子《おとぎぞうし》さらには幸若舞《こうわかまい》など、その裾《すそ》野《の》を広げると相当量にのぼる。

　一八～二〇ページの表を参照していただきたい。歴史好きを自任する読者のために一つ問題を出しておこう。表中の人物のうちに実在性が疑われているのは誰か。実在性云々の議論を真剣にするといささかめんどうなので、実録的な史料に登場しない人々という程度で考えていただければよい。いかがだろうか。

古いところでは陰陽師《おんみょうじ》として知られる安倍晴明《あべのせいめい》のライバル蘆屋道満《あしやのどうまん》がそれだ。例えば『蘆《あし》屋道満大内鑑《やどうまんおおうちかがみ》』は時代浄瑠璃で有名な作品だろう。陰陽道の幽玄味《ゆうげんみ》を加味したこの話は、元来の説話上の道満とは別個のストーリーだが、江戸期はこの作品を通して道満の存在が一般化した。

また酒呑童子《しゅてんどうじ》退治で有名な源頼光の四天王の一人金太郎こと、坂田金時《さかたのきんとき》もそうだろう。浄瑠璃『嫗山姥《こもちやまんば》』の世界では、旅に出た頼光が坂田時行の妻八重桐《やえぎり》の出産した怪童＝金太郎と出会い、従者にするとの設定だ。これは歌舞伎『山廻《やまめぐり》旭粧《あかつきのけわい》』へと継承される。知る人ぞ知るといったところだ。

さらには八幡太郎義家の時代の人物とされる鎌倉権五郎景政《かまくらごんごろうかげまさ》もまた、伝説のかなたに位置する。後三年合戦のおり、鳥海弥三郎《とりのうみやさぶろう》に右眼を射られたこの人物は、歌舞伎十八番の『暫《しばらく》』の主人公としておなじみだろう。

源義経の関係でいえば、弁慶もその意味でははっきりしない。源平時代の盗賊の首領熊坂《くまさか》長範《ちょうはん》も同じだ。彼は加賀国熊坂の出身とされ、入道して長範と号し、濃尾方面で旅人を襲い恐れられたという。陸奥下向の義経一行を襲った盗賊として知られる。長範は謡曲『熊坂』や狂言『塵塚《ちりづか》』、さらに浄瑠璃では『義経地獄破《よしつねじごくやぶり》』『源氏十二段《げんじじゅうにだん》』、歌舞伎の『初雪物見松《はつゆきものみのまつ》』でも有名だろう。

同じく鬼一法眼《きいちほうげん》も『義経記《ぎけいき》』以来、おなじみの架空の人物だろう。彼は滝沢馬琴《たきざわばきん》の『俊寛《しゅんかん》僧都島物語《そうずしまものがたり》』では、俊寛と同一人との設定で登場する。

このように、近世という時代は、かつての『平家物語』や『太平記』の世界で、多分に虚構化されていた人間たちに息吹を注ぎ、リアリティーを注入した時代だった。それゆえに史実と虚構が渾然一体となり、新しい伝説も創造された。浄瑠璃や歌舞伎は、その点で、かつての中世の史実を江戸時代風に仕立てるのに大きな役割を演じたようだ。この壮大な歴史への仕掛けについて語りたい。とりわけ中世の軍記物を介し、デフォルメされた英雄像について考えたい。

蘆屋道満大内鑑

竹田出雲《たけだいずも》の作品で、通称『葛の葉《くずのは》』とも『信田妻《しのだづま》』ともいわれる。

平安後期の朱雀《すざく》天皇の時代との設定で、天文博士加茂保憲《かものやすのり》が、その高弟である道満と安倍保名《あべのやすな》のいずれかに秘伝の書『金烏玉兎集《きんうぎょくとしゅう》』を譲ろうとするところから、物語がはじまる。保憲の養女榊《さかき》の前《まえ》は安倍保名に恋をし、秘伝の書を保名に与えたいと願ったが、義母や伯父岩倉治部《じぶ》の邪魔で失敗する。これを嘆いた榊の前は自害し、そのために保名も正気を失い家を出る。保名はやがて信太《しのだ》の庄司《しょうじ》の娘で榊の前の妹の葛の葉と出会って正気にもどり、二人は恋仲となる。そんなおり、岩倉治部の家来に追われていた白狐を保名は助ける。やがて、この白狐は葛の葉に化けて保名と結婚、一子をもうけて阿倍野《あべの》のほとりで暮らすことになる。しかし、ある日、庄司が娘の葛の葉をともなって保名を訪ねてきたため、正体を知られた白狐は信田の森へと帰るというストーリーである。

この作品は、信田の森の白狐が安倍保名と契り、陰陽師の安倍晴明が生まれたという伝説を脚色したものである。道満は保憲の養女榊の前への恋情を保名と競うライバルとして登場している。

この作品の底流には、中世に登場した道満伝説が反映されている。生没・系譜すべてが未詳のこの人物は、有名な陰陽の大家安倍晴明の弟子だったという。一説には、晴明の妻李花と通じ、秘伝書『金烏玉兎集』を盗写し、晴明の首を斬ったとされる。

鎌倉時代の説話集『古事談《こじだん》』（第六）や『十訓抄《じっきんしょう》』（第七）には、その道満と晴明の術くらべともいうべき説話がみえる。法成寺《ほうじょうじ》建立のさい、白い飼い犬とともに寺に入ろうとした藤原道長は、烈しく吠える犬の様子をいぶかり、晴明に占わせたところ、道満の厭術《えんじゅつ》による呪咀《じゅそ》と判明する。捕らえられた道満は堀川左府（左大臣藤原顕光）の依頼で、厭術をほどこしていた旨を白状し、これがために播磨に追放されるとの話である。

いずれにしても道満法師は中世をつうじ陰陽師安倍晴明のライバルとして造型化され、種々の伝承を残す人物となった。

嫗山姥

能の『山姥《やまんば》』を土台にした五段続きの時代物。

讒訴《ざんそ》をのがれるべく姿を消した源頼光、その頼光の恋人沢瀉姫《おもだかひめ》（関白兼冬の娘）を慰めるために、小唄の名人煙草屋源七を腰元たちが招き入れる。

その折、館の前を通りかかったのが、源七こと坂田蔵人時行とむかし恋仲だった大坂の遊女荻野《おぎの》屋《や》八重桐だった。彼女は聞きなれた小唄に不審をいだき、館のうちに入り坂田蔵人と再会する。姫の求めに応じ、八重桐は廓話《くるわばなし》にかこつけ、男との出会いを面白く語る。

やがて姫が奥へ入ったあと、八重桐は時行が親の敵を討てない不甲斐なさをなじり、すでに父の仇は、時行の妹糸萩が碓氷貞光《うすいのさだみつ》の助力で討ちはたしたことを伝える。

『絵本　坂田金時』（鶴見大学所蔵）

蔵人時行は面目を失い自害するが、その魂は八重桐の胎内に飛びこみ、彼女は豪力無双の女に変じ、姫を捕らえに来た者たちを投げとばす。

その後足柄山《あしがらやま》に入って山姥となった八重桐が、男子（金太郎）を産み育てているところへ、頼光主従が訪れて、その怪童を家来とする。坂田金（公）時と名を改めた金太郎は、頼光の四天王として活躍する。

芸能になった人物

人物名	主要関係芸能諸作品
坂上田村麻呂	（草）『田村の草子』、（謡）『田村』、（浄）『田村麿鈴鹿合戦』
平将門	（草）『俵藤太物語』、（浄）『けいせい懸物揃』、（歌）『暫』、（読）『昔語質屋庫』
藤原秀郷	（草）『俵藤太物語』
蘆屋道満	（浄）『蘆屋道満大内鑑』
菅原道真	（謡）『雷電』、（浄）『菅原伝授手習鑑』『天神記』
源頼光	（草）『酒呑童子』、（謡）『羅生門』
安倍晴明	（浄）『百合《ゆり》若大臣《わかだいじん》野守鏡《のもりのかがみ》』
坂田金時	（歌）『山廻旭粧』、（浄）『嫗山姥』
鎌倉権五郎	（歌）『暫』
安倍宗任	（謡）『善知鳥』、（浄）『奥州安達原』

佐藤忠信	(謡)『吉野静』『忠信』、(浄)『八島』『義経千本桜』
源頼政	(謡)『頼政』
源朝長	(謡)『朝長』
悪源太義平	(謡)『悪源太』、(歌)『悪源太』
今井兼平	(謡)『兼平』
木曾義仲	(謡)『兼平』『巴』
斎藤実盛	(謡)『実盛』、(浄)『源平布引滝』
佐々木盛綱	(謡)『藤戸』、(浄)『佐々木先陣』『近江源氏先陣館』
俊寛	(謡)『俊寛』、(浄)『平家女護島』、(読)『俊寛僧都島物語』
金売吉次	(謡)(幸)『烏帽子折』
熊坂長範	(謡)『熊坂』、(狂)『塵塚』、(浄)『義経地獄破』『源氏十二段』、
	(歌)『小栗十二段』『初雪物見松』
熊谷直実	(浄)『大原問答』『源平《げんぺい》魁《さきがけ》躑躅《つつじ》』『一谷嫩軍記』
安徳天皇	(謡)『碇潜《いかりかずき》』
静御前	(謡)『吉野静』『二人静』
弁慶	(謡)『船弁慶』、(浄)『御所桜堀川夜討』
源義経	(謡)『安宅』『鞍馬天狗』、(浄)『義経千本桜』、(歌)『勧進帳』、
	(幸)『高館』、(読)『義経磐石伝』

源為朝	(読)『椿説弓張月』
鬼一法眼	(浄)『鬼一法眼三略巻』、(読)『俊寛僧都島物語』
梶原景時	(浄)『梶原平三誉石切』
平維茂	(謡)『紅葉狩』
平敦盛	(草)『小敦盛』、(幸)『敦盛』、(謡)『敦盛』、(浄)『一谷嫩軍記』
平景清	(謡)『景清』『大仏供養』、(幸)『景清』、 (浄)『出世景清』『壇浦兜軍記』
平清経	(謡)『清経』
平維盛	(浄)『義経千本桜』
平重衡	(謡)『千手』
平忠度	(謡)『忠度』『俊成忠度』、(狂)『さつまのかみ』、(浄)『薩摩守忠度』
平通盛	(謡)『通盛』
平経正	(謡)『経正』
平知章	(謡)『知章』
朝比奈三郎	(狂)『朝比奈』、(幸)『和田酒盛』、(浄)『あさいなしまめぐり』、 (読)『朝夷巡島記』
曾我兄弟	(謡)『小袖曾我』、(幸)『夜討曾我』、(浄)『世継曾我』、 (歌)『兵《つわもの》根元《こんげん》曾《そ》我《が》』

＊（草）は御伽草子、（幸）は幸若舞、（狂）は狂言、（謡）は能・謡曲、（浄）は浄瑠璃、（歌）は歌舞伎、（読）は読本

負け戦のものがたり

右表では、謡曲（能の台本）からの作品が多いことがわかる。というよりも、江戸期の作品群は、修羅《しゅら》物《もの》とよばれる謡曲の諸作品と有形・無形の関係にある。生前、敵を殺害した報いで死後に亡魂として再生し、僧に回《え》向《こう》の依頼をしながら、戦場の情景を語る。これが修羅物に共通する趣向だろう。当然、題材は『平家物語』や『源平盛衰記《げんぺいじょうすいき》』が多い。

修羅物の主人公（シテ）はすべて、史上の実在の人物である。右表中の謡曲諸作品を通覧してもわかるように、『巴《ともえ》』（巴御前）と『吉野静』『二人静』（静御前）を除くと男性であり、さらに『田《た》村《むら》』（坂上田村麻呂）以外は、源平の武人ということになる。とりわけ『実《さね》盛《もり》』『頼政《よりまさ》』『朝長《ともなが》』の他は、多く平家一門の公達《きんだち》や武将が中心だった。『景清《かげきよ》』『忠度《ただのり》』『清《きよ》経《つね》』『通盛《みちもり》』『経正《つねまさ》』『俊成忠度《しゅんぜいただのり》』『知章《ともあきら》』などがそれだろう。しかも、そのほとんどが負け戦《いくさ》、敗者のものがたりである。

敗者を敗者として幽玄の世界で語るとの趣向を追求する能楽・謡曲と、これを復活させ別趣のストーリーに仕立てた浄瑠璃・歌舞伎の世界は、その方向が異なっている。背負っている時代の違いといえばそれまでだろうが、留意しておきたい。

近世江戸期は庶民の思惑を歴史に結びつけることで、判官贔屓《ほうがんびいき》的世界を現出させたらしい。戦で敗北した英雄たちを復活させることで、かれらに新たな生命が吹き込まれた時代だった。もちろんこうした趣向の原点は、中世の『平家物語』や『源平盛衰記』にあったことはたしかだ。滅びゆく美、死の意義を見出す時代、それが〝憂《う》き世《よ》〟の時代、中世でもあるのだが、近世はこの中世的な幽玄の美意識を〝浮き世〟に転換させることで、より現実的な民衆の世界へと、中世の英雄たちをシフトさせようとした。

烏帽子折

能楽や幸若の曲目で、牛若や金売吉次《かねうりきちじ》そして熊坂長範が登場する。古く『現在熊坂』の称がある。東国へ往還する三条の吉次（ワキ）の一行に、近江《おうみ》の鏡の宿で合流した牛若に平家の追捕がせまる。牛若はここで髪を切り烏帽子《えぼし》をつけ東男《あずまおとこ》に変じる。源氏風の左折烏帽子の様式を注文する牛若を、烏帽子屋の亭主（前ジテ）は怪しむが、源氏再興《よしゆく》を予祝して烏帽子親となる。

亭主の妻（前ツレ）は、かつての義朝の忠臣鎌田正清の妹であった。牛若が礼に置いた刀をみて、これが父義朝から与えられたものであることを知り、彼女は餞別としてその刀を差し出す。

やがて東男に身をやつした牛若と吉次の一行は、美濃の赤坂の宿へ着くが、ここに来襲するのが熊坂長範（後ジテ）の一味たちだった。

しかし長範の手下たち（後ツレ）が牛若の武勢におされつぎつぎに倒され、長範自身も斬り伏せられる。

以上がストーリーの概略である。『平治物語』や『義経記』を典拠とした作品で、ここに登場する熊坂長範は源平時代の伝説の盗賊として名高い。謡曲では、この長範を六十三歳とし、牛若一行への襲撃を承安三年（一一七三）の春のこととしている。狂言には謡曲をパロディー化した『塵塚』もある。

時代浄瑠璃のはなし

ここでは、中世に原点を有した伝説がその後どのように改変・加工されたかを、幾つかの作品を通じてみておこう。即席の浄瑠璃・歌舞伎教室である。ここでは作品論など、およそ文学的面での議論は凍結しておく。主題はあくまでも歴史学とのかかわりの範囲にとどめたい。しかも源平争乱期のものにしぼりたい。

理由は簡単だ。『平家物語』の世界にチャンネルが通じている作品が圧倒的であることによる。むろん『太平記』を原点とした『神霊矢口渡《しんれいやぐちのわたし》』などもある。ご存じの読者も多いと思うが、平賀源内《ひらがげんない》の作品だ。新田義興《にったよしおき》が矢口渡で謀殺される有名な事件に取材したものだが、他の浄瑠璃や歌舞伎と同じく、ストーリーの荒唐無稽さは指摘するまでもない。そもそも庶民の享楽芸能である限り、小難しい史実は不要なのである。つまりは中世の人物を介在させて、江戸期の現実とその時代の人間模様を語るのであり、ドラマの展開に歴史を忠実に反映させる必要はなかった。

むしろここでは「本歌取《ほんかど》り」とでもいうべき世界が現出している。中世から出発した伝説の原像が変容し、別の新しい文芸作品として再生する。江戸期はその意味で伝説の「本歌取り」が最もさかんな時代ともいえる。

神霊矢口渡

新田義貞の子義興が竹沢監物《けんもつ》らのために、武蔵国六郷川（多摩川）の矢口渡で、船底に穴をあけられ謀殺された事件に材を取ったものである。ストーリーは次のとおり。

義興の死後、新田家の白旗は弟の義岑《よしみね》に伝えられた。義岑は愛人のうてなとともに逃れ、矢口渡にさしかかる。おりしも病気となったうてなを休息させるため、渡し守頓兵衛《とんべえ》の宅で一夜の宿を借りる。一人娘のお舟は義岑に一目惚れする。しかしお舟に惚れていた下男の六蔵はこれをねたみ、義岑を新田方の落人と察し主人の頓兵衛に告げる。

この頓兵衛はかつて義興の謀殺にも一役かっていた人物だった。彼は自分の家に戻り、床下から義岑の寝ている座敷に刀を突き立て、刺し殺した。だが、刺した相手は義岑ではなく、わが娘のお舟であった。お舟は二人のことを知り、自分が身代わりとなった。死を前に父を諫めるが、なおも頓兵衛は両人を追いかけ、義岑は危機に直面する。しかし、このとき、義興の亡霊の放った神霊の矢のために頓兵衛は射殺される。

時代設定からすれば、源平期よりはいささか早いが、奥州の前九年合戦に材を取ったものに『奥州安達原《おうしゅうあだちがはら》』がある。近松半二《ちかまつはんじ》の出世作といわれ、初演は宝暦十二年（一七六二）のことだ。ここには安倍貞任《あべのさだとう》・宗任《むねとう》そして八幡太郎義家が登場する。源氏に敗れた安倍一族のうち、母岩手と貞任・宗任兄弟が生き残り、復讐をはかるというストーリーである。『善知鳥《うとう》』『安達原《あだちがはら》』などの能の趣向がいかされている。敵対する義家と貞任の妻が姉妹との設定で、両者の運命の対照性が妙味でもあるようだ。

歌舞伎十八番の『暫』（原題『参会名護屋《さんかいなごや》』元禄十年　初世市川団十郎）も人物には清原《きよはらの》武衡《たけひら》・加茂《かもの》（源）義綱《よしつな》、そして鎌倉権五郎《かまくらごんごろう》が登場する設定だ。舞台は鶴岡八幡。おりから大福帳《だいふくちょう》の奉納にきていた武衡が反抗する義綱を捕らえ、首をはねようとするときに、「しばらく」の声がかかり、権五郎が現れる。有名な場面だろう。大福帳の由来を語り、武衡の不正をあばく権五郎は一太刀で全員をなぎ倒し、一件落着となる。

『平家女護島《へいけにょごのしま》』（享保四年　近松門左衛門作）には、鹿ケ谷《ししがたに》事件で鬼界ケ島に配流された俊寛《しゅんかん》が登場する。都の妻東屋《あずまや》が平清盛《きよもり》の邪恋を拒み、自害したことを知った俊寛は赦免使を殺し、島に残るとの設定だ。能の『俊寛』が素材となっている。『平家物語』の「足摺《あしずり》」の場面での俊寛の慟哭《どうこく》する姿を肉付けしたもので、清盛の悪逆ぶりとの対比がおもしろい。

同じく源平合戦物では、義仲の誕生や斎藤実盛《さいとうさねもり》に焦点を据えた『源平布引滝《げんぺいぬのびきのたき》』（寛延二年並木千柳・三好松洛作）もある。木曾義賢《よしかた》は源氏の白旗と懐妊中の妻葵御前《あおいごぜん》を近江《おうみ》の百姓九郎助に託し、平家軍と戦い敗死する。義仲はその葵の子との設定である。この義仲誕生に至るまでの源氏の白旗への思いを語る平家方の実盛の複雑な侍像がポイントでもある。むろん義賢自身の史実性からは距離が大きい。悪源太義平《あくげんたよしひら》との合戦での敗死という史実は、問題にさえなっていない。しかし考えてみれば、義賢の敗死だって信頼できるひとつの伝説にすぎない。その意味からすれば、義賢の存在は伝説の自由さを駆使した江戸期の作家の特権とでもいえそうだ。

ところで斎藤実盛とともに、『平家物語』の作中で東国武士の典型として語られる人物がいる。熊谷直実《くまがいなおざね》である。『一谷嫩軍記《いちのたにふたばぐんき》』（宝暦元年　並木宗輔・浅田一鳥他作）は、その直実と平敦盛《あつもり》の著名な悲話を素材にした作品。とりわけ三段目の「熊谷陣屋《くまがいじんや》」の場面はよく知られていよう。「一枝《いっし》を切らば一指を切るべし」との義経の命で平敦盛を討った直実だったが、実はこの敦盛は後白河院の落胤《らくいん》との設定で、一枝のかわりに一指、すなわち息子の小次郎を斬ることで義経の意を汲み、無常を悟った直実が出家するという展開である。そこには直実の妻相模《さがみ》と敦盛の母藤の方との熊谷陣屋での出会いなど、いろいろな趣向がこらされている。そのあたりの話は本書にあっては、埒の外として処理したい。いずれにしても右の作品は、一ノ谷合戦での敦盛の最期を大幅に脚色したもので、近世風の味付けがほどこされている。

そして『ひらかな盛衰記《せいすいき》』(元文四年　文耕堂・竹田出雲他作)である。義仲の敗北から一ノ谷合戦までを背景として、義仲対頼朝そして義経兄弟の戦いを源氏の内紛から演出したものだ。題名通り『源平盛衰記』の逸話をさらに近世風に仕立てたものである。義仲討伐のおり、梶原景時《かじわらかげとき》は誤って源氏の白旗を射たが、佐々木高綱《たかつな》のとりなしで助命された。これを知っていた息子の源太景季《げんたかげすえ》は、恩ある高綱に宇治川合戦での先陣を譲る。父景時の怒りにふれた源太は、恋人千鳥《ちどり》ともども放逐された。他方、義仲の一子駒若丸《こまわかまる》は大坂の船頭権四郎に助けられるが、この権四郎の養子となっていたのが義仲の旧臣樋口次郎《ひぐちのじろう》であった。樋口は義経に復讐しようとするが失敗、駒若丸の助命を頼み畠山重忠《はたけやましげただ》に捕らえられるとの話だ。

右に源氏の内紛と表現したが、そこには次のような中身もある。義仲の首級を、降人《こうにん》となった巴御前《ともえごぜん》が見て涙を催しつつ、彼女は義仲の真意を三種《さんしゅ》の神器《じんぎ》奪還にあったと説く。自らが謀叛人となり平氏と手を結び、隙を見て神器を奪うとの方策だったと語り、真実の証として義仲の兜の内より起請文《きしょうもん》が発見されるとの設定だ。義仲の思惑を語る新しい解釈ということになろうか。このあたりは史実をはなれての構想の自由さがあふれている。

ところで、右に登場した巴御前は和田義盛《わだよしもり》に嫁ぐが、この両人の間に生まれたのが朝比奈《あさひな》三郎義秀《よしひで》だった。鎌倉の小《こ》坪《つぼ》で海中に入り、鮫三尾を将軍頼家に見せた話は有名だ（『吾妻鏡』正治二年九月二日条）。地獄破りの異名を持つ彼は狂言・能の世界では、和田合戦での門破りの様子を地獄で語り、閻魔を翻弄し、浄土へと案内させる（『朝比奈』）。この朝比奈三郎はその後読本《よみほん》で復活し、江戸のスーパーマンとして活躍する。滝沢馬琴の『朝夷巡島《あさいなしまめぐりの》記《き》』（文化十二〜文政十年）はその代表的作品ということになる。

義経千本桜

院宣と称して初音《はつね》の鼓《つづみ》を与えられた義経は、鼓になぞらえて頼朝を討つことを命ぜられる。おりしも義経の堀川の邸に頼朝の使者河越太郎が訪れ、平家の知盛《とももり》・維盛《これもり》・教経《のりつね》の首が贋《にせ》ものであること、初音の鼓を受け取ったのは頼朝への逆心であること、義経の正室卿《きょう》の君《きみ》は平時忠の養女であることの三ヵ条を詰問する。そうしたおり、弁慶が鎌倉方の土佐坊を早まって討ったこともあり、義経の弁解は水泡に帰し都落ちを決心する。

危機に直面した義経は、静御前を伏見稲荷に残し、九州に落ちようとするが、そうしたなかで家来の佐《さ》藤忠信《とうただのぶ》が突如出現し、これを救う。義経はこの忠信の武功に感じ源九郎の名を与え、静の守護を命じて摂津へ向かう。

一方、その義経が赴いた摂津の大物浦《だいもつのうら》の船宿の主人銀平は、義経に復讐をちかう平知盛であり、娘お安は安徳天皇との設定である。知盛は海上で義経一行を襲撃するが敗れ、安徳天皇の守護を義経に託し自害する。

他方、吉野にいた維盛をかくまっていたのは、重盛に恩を受けた鮨屋の弥左衛門だった。下男奉公している弥助こと維盛を訪ね、妻の若葉《わかば》の内侍《ないし》と家来がやってくる。しかし家来の小金吾はその途中、鎌倉側の追手に殺される。追手が迫っていることを知った弥左衛門は、小金吾の首を維盛と偽り差し出そうと家に戻る。そこに鎌倉側の梶原景時が訪れ維盛の身柄を要求する。維盛と妻子は隣村に逃れるが、弥左衛門の息子権太《ごんた》に捕らえられ、梶原に引き渡される。怒った弥左衛門は息子を刺すが、維盛の妻子と見たのは権太の女房と子であり、改心のための権太の覚悟の行為だった。

また、川連法眼《かわつらほうげん》の館にいた義経のもとに忠信が訪れる。静もまた別の忠信をともなってやってくる。不審に感じた義経は尋問のすえ、別の忠信の方は、初音の鼓の皮となった狐の子で、親を慕い忠信に化けたことがわかる。この狐の通力で吉野横川《よかわ》の覚範《かくはん》の来襲を知るが、この人物こそ忠信の兄継信を討った能登守教経であった。忠信は義経にその追討を命ぜられ、花満開の吉野で兄の怨みを晴らす。

判官物の周辺

どうやら、われわれは義経が登場する幾つかの作品に近づきつつある。浄瑠璃・歌舞伎の世界では判官物は絶大な人気がある。義経といえば、やはり『義経千本桜《よしつねせんぼんざくら》』（延享四年　竹田出雲・並木千柳他作）が白眉だろう。『菅原伝授手習鑑《すがわらでんじゅてならいかがみ》』『仮名手本忠臣蔵《かなでほんちゅうしんぐら》』とともに三大名作の一つに数えられるものだ。壇ノ浦で死んだと伝えられた平知盛、維盛、教経が生きていたという設定で話がすすむ。親を慕う狐が佐藤忠信《さとうただのぶ》に化けて静御前を守るという場面もメルヘン的要素に満ちていて夢があろう。

義経の外伝という面では、『義経記』に登場する鬼一法眼を再生させた『鬼一法眼三略巻《きいちほうげんさんりゃくのまき》』（享保十六年　文耕堂・長谷川千四作）もある。ここでは鬼一は平家に仕える軍学者という設定である。兵法書の虎の巻を入手するために牛若丸と家来の鬼三太《きさんだ》が法眼の館に奉公し、牛若を慕う鬼一の娘皆鶴姫《みなづるひめ》の手引きで目的を達する。ここには同時に、大蔵卿に再嫁した牛若の母常盤御前《ときわごぜん》の平家調伏の話も展開されて興味深い。また室町期の御伽草子『御曹子《おんぞうし》島渡《しまわた》り』のストーリー性も加味された内容となっている。さらにいえば、鬼一法眼は実は鞍馬山時代の牛若丸に兵法を教えた天狗であるとの設定も、江戸時代らしい仕掛けだろう。

そして義経といえば弁慶だろう。判官物の多くは『義経記』が原点だった。『勧進帳《かんじんちょう》』（天保十一年　三世並木五瓶作）がそれだ。歌舞伎十八番でご存じの読者も少なくないだろう。能『安宅《あたか》』を骨格としていることは、あらためて指摘するまでもない。山伏に身をやつし奥州に落ちゆく義経主従は、安宅の関を守る富樫左衛門《とがしのさえもん》に見咎められる。弁慶が機転をきかせ勧進帳を読み危機を脱するが、強力《ごうりき》姿の義経が富樫の目にとまり危機が再来する。弁慶はと

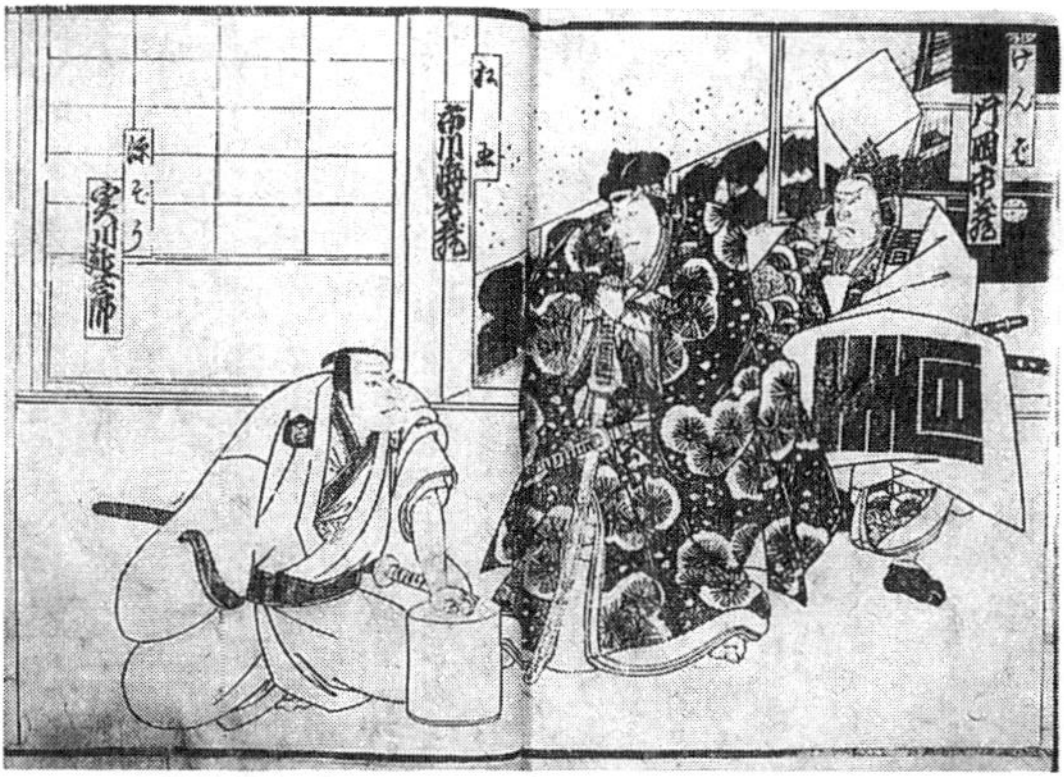

『菅原伝授手習鑑』の挿し絵（鶴見大学所蔵）

っさに主君義経を金剛杖で打ちすえる。その誠忠に感じ入った富樫は、義経主従と知りつつ、通行を許すという話である。

その弁慶については、『御所桜堀川夜《ごしょざくらほりかわよ》討《うち》』（元文二年　文耕堂・三好松洛作）もなかなかだろう。平時忠の娘と結婚した義経、これも『吾妻鏡』などの語るところでは、頼朝との対立の遠因だったらしい。これを素材に弁慶を登場させた作品だ。ここでは時忠の娘卿《きょう》の君《きみ》を梶原景高から討つことを頼まれた弁慶は、君を預かる侍従太郎の館に赴く。太郎は事情を聞き腰元の信《しの》夫《ぶ》を身代わりに立てるが、その信夫の本当の父は弁慶であったとの設定で話が展開する。実子と知りつつわが子を殺す弁慶の男泣きの場面は、それなりに圧巻だ。弁慶は生涯に一度しか女性と契らず、一度しか泣かなかったとの伝説が、この話の根底にあるのかもしれない。

鬼一法眼三略巻

平家全盛の世、熊野別当弁真はかつて源氏に与力した罪で自害する。懐妊していた妻を清盛の命で殺すと、傷口から大きな嬰児（鬼若丸《おにわかまる》）が誕生した。成長した鬼若丸は、乳母とともに書写山の性慶にひきとられる。母の胎内に七年もいた鬼若は力も強く一山の暴れ者だったが、乳母の願いを入れ出家し名を弁慶と改める。弁真の娘お京は徒弟の吉岡鬼三太とともに許婚者《いいなずけ》の鬼次郎《きじろう》を尋ねる旅に出て、十三年目に再会する。そのお京夫婦が書写山の弁慶を訪れ、弁慶に出生の秘話をきかせる。

鬼次郎、鬼三太の長兄鬼一は、平家に仕えていた。彼は所持する兵法の虎の巻を差し出すことを強要されていたが、病気を理由に拒みつづけていた。鬼一の娘皆鶴姫は父の代わりに清盛の館におもむき、笠原湛海《かさはらたんかい》と試合をして、これを破り、姫を妻にしようとする湛海の野望をくじく。

他方、鬼一の館には牛若丸が、源氏再興のために虎の巻を手に入れようと、家臣の鬼三太とともに身分を偽り奉公していた。これを察知した鬼一は、かつて鞍馬山で兵法を指南した僧正坊は自分であることを明かし、この牛若を慕う皆鶴姫を思いやり、虎の巻を牛若に与え、自害する。

さらに牛若の母常盤は、公卿《くぎょう》の一条大蔵卿と結婚するが、毎夜楊弓《ようきゅう》にうつつをぬかすふりをして、清盛を調伏し時節の到来をまっていた。

　そうした中で、牛若は京都の五条橋へと赴き千人切りをする。その千人目に出会ったのが弁慶だった。両者はここで主従の契りをして、東国をさし下向する。

曾我物へのいざない

伝説化された英雄の双璧といえば、義経と曾我兄弟ということになる。ここで判官物《ほうがんもの》と人気を二分した曾我物《そがもの》についてもふり返っておこう。近世の判官物が『義経記《ぎけいき》』を経由することで誕生したとすれば、曾我物は『曾我物語』を介することで生まれた。ともに室町期の成立とされた点で共通する。江戸期は右の二つの準軍記物を脚色し、変容させた。

　この曾我物が人口に膾炙《かいしゃ》した理由は、後にも指摘するが『新撰《しんせん》曾《そ》我《が》往来《おうらい》』（文政六年）などに見られる往来物にあった。つまり庶民の教科書として用いられたことも大きいようだ。義経を主題とした判官物も教材的要素という点では同様だった。ただし、テキストに使われたのは『曾我物語』が最も早い。『富士野《ふじの》往来《おうらい》』（梶原景時と安達盛長らの書簡）がそれだ。室町期に成立したこの作品が土台にあったこと、これも後世、曾我物が人気を博する理由ということになる。

　ともかく、ここでは十指に余る曾我物の諸作品を列記するのが目的ではないので、代表的作品のみを紹介しておく。『兵根元曾我《つわものこんげんそが》』（元禄十年　初世市川団十郎）が原型で、一般的には『寿曾我対面《ことぶきそがのたいめん》』の名で後世に定着し、毎年正月に上演された。新春に曾我狂言を演ずることで、荒人神の悪霊払いとしたものらしい。例によって、『吾妻鏡』や『曾我物語』が描く中世的な世界とは、相当の距離があることはいうまでもない。

富士の巻狩の差配役を任ぜられた工藤祐経《くどうすけつね》の館に多くの大名が年賀に来ており、曾我兄弟と祐経の対面は、ここから始まる。小林朝比奈なる人物が祐経に二人の若者に会うように依頼、祐経が承知し、十郎・五郎の両人が現れるが、梶原父子をはじめ多くの大名は、そのみすぼらしい姿をあざ笑う。祐経は対面ののちに、この両人が自分に怨みを持つ河津三郎《かわづのさぶろう》の遺児とさとり、彼はこの兄弟たちに父の最期の様子を語りつつ盃を与え、五月下旬の巻狩での総奉行役を終えたのちに討たれてやろうと約束し、兄弟はそれにしたがい本懐をとげる。これが大筋のストーリーである。仇討云々よりは祝典劇としての性格も色濃いとされる。

それでは曾我物が判官物と異なる独自の意味は一体何であったのか。これが東国、富士、駿河というキーワードでくれる内容を兼ねそなえていたことだろう。原典の『曾我物語』の広がりには、箱根山の僧侶・神人たちが一定の役割を演じたとされている。『平家物語』とは異なる東国の物語、富士を舞台とした荒々しき武士の純然たる伝説、そうした意識が大きかったのではないか。

そしてさらには、やはり敵人《てきじん》・敵討《かたきうち》という武の世界にかかわる根源的精神だろう。『平家

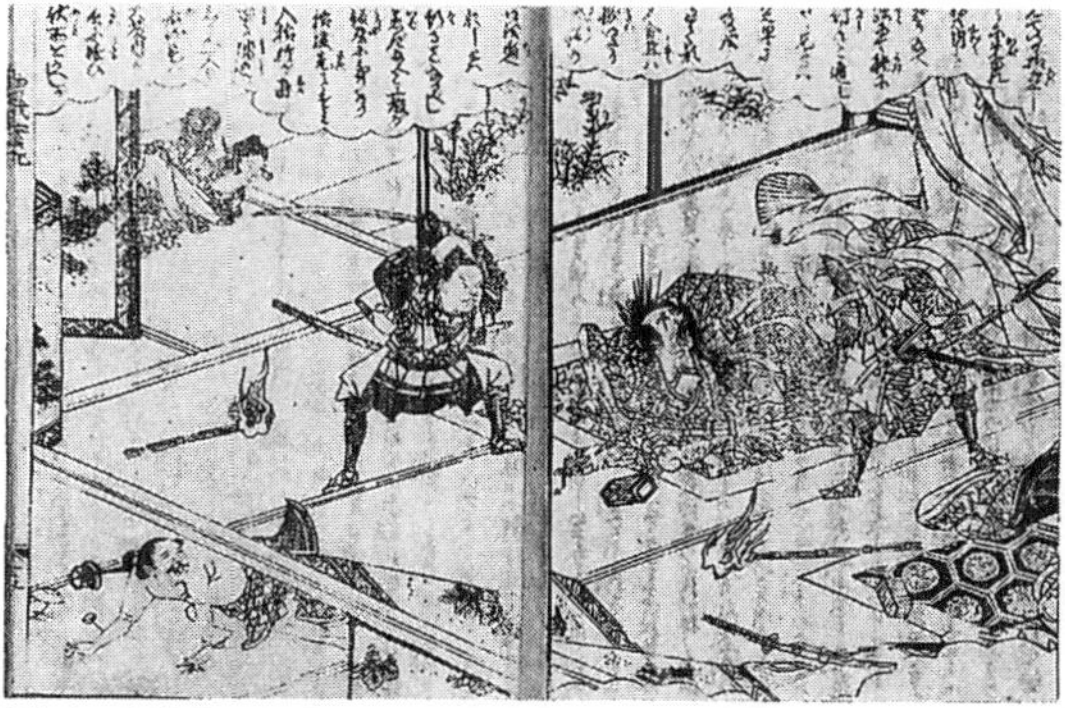

『絵本　曾我物語』曾我兄弟が工藤祐経を討つ場面（鶴見大学所蔵）

物語』の壮大なドラマにも、源氏と平家の対立枠を超えて、父義朝の無念を頼朝・義経が報復するための敵討的世界があった。一ノ谷合戦後、公卿《くぎょう》の首渡しの先例がないとする公家側に対し、父義朝の無念を楯に強行する義経の心情はまさにそれだった。あるいは伝説の世界に属するが、頼朝の挙兵の契機ともなった文覚《もんがく》による義朝の髑髏《どくろ》見参で挙兵の決意を促す場面など、これに関連する場面が多く語られている。

たしかに『曾我物語』をふくめ敵討の場面は、東国・坂東の土壌に根ざすものだった。別のいい方をすれば敵討という粗野なエネルギーを、美的な文学に昇華することに成功したのが中世の軍記物ということになる。そしてそれを源平という氏のレベルから曾我兄弟という個の世界に投影したのが『曾我物語』だろう。

話が広がっているが、拡大ついでにいえば、江戸時代にこの曾我物とともに人気を二分した敵討の世界、これが忠臣蔵だった。こちらは主君への報恩が主題だ。いささか強調した表現を承知でいえば、中世と近世を分かつ敵討の世界の分水嶺は「親の敵」か「主君の敵」かということになる。中世は曾我物に代表される前者だし、近世は後者だった。この対比からも時代の本質が投影できそうだ。このことは別の機会にも述べたので略したい。

ちなみに『源平盛衰記』（剣巻《つるぎのまき》）には、義経と曾我兄弟が結びつく因縁が語られている。むろん説話上でのことだ。源家相伝の宝剣である「鬚切《ひげきり》」「膝丸《ひざまる》」が、時代の変転とともに主人公をかえつつ、移りゆく源家の歴史が語られている。「薄緑《うすみどり》」と改名された「膝丸」が、義経の手により箱根権現に奉納され、やがて曾我兄弟の手に渡り、最後には頼朝の手に帰するというストーリーである。義経と曾我兄弟は中世以来、奇しき縁のなかで、伝説化していった。近世は、この伝説の中世に思い切った虚像を加えたことになる。

本歌取りとしての伝説

そろそろこのあたりで、伝説とは何かを考えることとしよう。ここではむろん英雄伝説を前提としている。歴史の場をかりた民衆のユートピア的世界、そんな定義も可能であろう。これまで見たようにその素材は中世が圧倒的だった。近世にももちろん英雄はいた。少なくとも庶民の意識にあっては、信長も秀吉も家康もそうだった。だが、かれらは伝説の絶対量は少ない。伝説が成立するには、やはりそれなりの時空のベールが必要なのだろう。それに加えて、民衆が共鳴するある種の悲劇性も必要となる。歴史の読み換えを可能とする条件はここにある。〝かくあった〟という事実の歴史とは別に、〝かくあるべし〟との虚構の歴史への要請である。

史実に気がねすることを拒否するには、時間が必要だ。〝ありうべき歴史〟の描写は、古すぎても、新しすぎてもいけない。ほどよい歴史の成熟が必要であり、歴史そのものが、これを創り出す人間とともに大きく動く状況が必要なのだろう。時代は英雄を創り、英雄は時代を創る。伝説はそんな場面に見合うように創造された。

一体、そうした意味での伝説はいつごろから登場したのか。むろんここでは、〝らしさ〟をふまえたフィクションに、人間を描写することが可能となった時代だった。それはやはり軍記物の時代とよばれる中世以降だろう。中世はその限りでは、〝伝説〟を誕生させた時代だった。近世江戸期はそうした伝説の原基に、庶民の意識をたっぷり注ぎ込むことで、かつての歴史の記憶をよびおこしたのである。

『平家物語』にしろ『太平記』にしろ、そこに描かれた多くの英雄たちの行動は、ある史実を土台に、これをふくらませることで文学に仕立てあげられている。その点では、伝説には史実の「本歌取《ほんかど》り」ともいうべき側面もあったにちがいない。本歌（史実）自体の姿が全くわからなくなるくらいに変形してしまったケースもあるだろう。

近世江戸期のこれまでの文芸諸作品には、そうした例が少なくない。換骨奪胎ともいうべき状況である。それと同時に民衆の歴史への参加を可能にさせたのは、中世の武人伝説を、さらに消化しやすい形に変形させ、時代の感性に適合させた近世という時代のふところの深さであろう。

判官物にしろ、曾我物にしろ、そこには史実の改変・捏造《ねつぞう》があることは疑いない。庶民レベルの気持で弱者・敗者の復権を実現させる。要は虚構による〝あるべき歴史〟の補強、これが伝説の構想力だった。中世の『義経記』や『曾我物語』にもその傾きがすでに見える。これが庶民の時代、近世江戸期の特色だった。その点は、近世の浄瑠璃的作品群とこれ以前の中世の諸作品との間に横たわる距離感にもつながる。伝説という切り口でいえば、中世と近世は同一線上にあるか否かという問題とも関係する。中世の伝説の多くは、神仏を背負い、神仏と同居することで伝説の構想が成立するようだ。

次章以下で中世の英雄武人たちの伝説を見ればこの点は明瞭となろう。一方、近世のそれは、右の神仏（宗教）を意識的に分離し、徹頭徹尾人間の浮世世界へと中世の人物を感情移入することで成立している。

近世の社会は、中世的精神の象徴である神と仏を、意識のレベルから追放し、抹殺することで成立した。

これまで紹介した江戸期の庶民文芸には、そうした観念が流れている。この点をふまえながら、いま一度、歌舞伎や浄瑠璃とは異なる江戸の庶民文芸の世界に目を転じておこう。

滝沢馬琴の世界

滝沢馬琴《たきざわばきん》といえば、『南総里見八犬伝《なんそうさとみはっけんでん》』をすぐに思い出すにちがいない。この馬琴は伝説の耕し方という点では絶品だった。いうまでもなく読本《よみほん》の確立者だった。よく知られているように、この読本が登場するのは江戸後期のことである。浄瑠璃や歌舞伎と同様、伝説への構想力を決定的なものとしたという意味で、馬琴が確立した読本の世界ものぞいておきたい。

中国の白話《はくわ》小説に影響を受けた形で江戸後期に誕生した長編の歴史小説を、一般に読本とよんでいる。絵入りが主軸であった在来のものに比し、ふり仮名付き漢字まじりの和漢混交文のスタイルが、読本の呼称につながったようだ。儒・仏二教の勧善懲悪《かんぜんちょうあく》と因果応報観《いんがおうほうかん》がにじみ出ている。しばしば体制順応に過ぎた点が云々されることもあるが、歴史を庶民の身近なものにしたという点では、その影響は大きかった。馬琴の人となりや文学者としての位置づけは、すべて他にゆずりたい。ここでの目的は、中世の英雄が読本の立役者、馬琴の手をへて変容する状況が確認できればよい。

例えば『四天王剿盗異録《してんのうしょうとういろく》』（文化二年）という作品がある。頼光《よりみつ》四天王の伝説と盗賊の首領とされた袴垂《はかまだれ》の話を結びつけたものであろう。中世の『宇治拾遺物語《うじしゅういものがたり》』や『今昔物語集《こんじゃく》』を祖型とし、後にも指摘する『前太平記《ぜんたいへいき》』などの通俗史を参照したドラマが創作されている。ここには道摩《どうま》（満）法師もいれば、和泉式部《いずみしきぶ》も鬼同丸《きどうまる》も、そして保昌《やすまさ》・保輔《やすすけ》・頼光に至るまで、王朝時代の説話の主人公たちが勢ぞろいしている。

ちなみに和泉式部を道心堅固な女性として描くあたりは、鎌倉時代の『沙石集《しゃせきしゅう》』の影響もみられ、種々の文献を参照しつつ斬新な仕上がりとなっている。

斬新さといえば、雄大なストーリーにロマンを織り込んだ作品が、為朝《ためとも》を主人公とした『椿説弓張月《ちんせつゆみはりづき》』（文化四〜八年）である。中世の軍記作品『保元物語』の鎮西八郎《ちんぜいはちろう》為朝像を土台にしたものだ。「鎮西八郎為朝外伝」と角書《つのがき》にもあるとおり、為朝の異説・異聞（外伝《がいでん》）ということになる。伊豆大島から内乱の琉球に渡り、一子舜天丸《すてまる》を王位につかせるまでの大冒険譚である（第四章参照）。

史伝物とよばれた彼の作品には、鬼界ヶ島の俊寛《しゅんかん》を軍学者鬼一法眼《きいちほうげん》として復活させた『俊寛僧都島物語《しゅんかんそうずしまものがたり》』、また『源平盛衰記』で怨霊《おんりょう》と化した頼豪《らいごう》を、不遇の死をとげた義仲の遺子清水義高《しみずのよしたか》と結びつけることで、敗者同士の復活劇に仕上げた『頼豪阿闍梨怪鼠伝《らいごうあじゃりかいそでん》』などがある。

さらには、和田義盛の三男朝夷三郎義秀《あさいなさぶろうよしひで》（実は義仲の子）が和田合戦に敗死せず、源範頼の子吉見冠者義邦《よしみのかじゃよしくに》や樋口兼光《ひぐちのかねみつ》の遺子多賀光仲《たがのみつなか》らとともに、活躍するのを描く未完の長編大作

『朝夷巡島記《あさいなしまめぐりのき》』（文化十二〜文政十年）は有名だろう。

ここに示した馬琴の作品は、いずれもが敗れし者の復活を語ったものである。馬琴の醍醐味はその小説的手法を駆使し、〝大説〟としての歴史を変幻自在にあやつり、壮大な冒険譚に仕上げたところにあった。ところで、その馬琴には『燕石雑志《えんせきざつし》』（文化八年）なる著作があるのをご存じだろうか。ここには鬼神論から、八幡太郎の由来、俵藤太藤原秀郷《たわらとうたふじわらのひでさと》のこと、あるいは「猨蟹合戦《さるかに》」「桃太郎」「舌切雀」「花咲翁」などよく知られている話のルーツを諸書から引用し、解説を加えたり、日常用語の由来を論じたりと、事物への探究心の旺盛さが表明されている。

要は虚実弁別《きよじつべんべつ》したうえでの構想、これが馬琴のプライドでもあった。一般的に読本の世界では、多くの作品が史伝にその材を求めている。そこでは道義性が顕著であり、これに怪奇性が加わり、さらに敵討的要素が付加される。庶民への浸透はひとえにこうした魅力によった。伝説化した中世の武人は近世江戸期には超人として再生し、さらなる虚像が生まれる。読本や講談の世界はこれを支え、はぐくんだ。

『景清』談義

その好例が平景清《たいらのかげきよ》だろう。読本『景清外伝《かげきよげでん》』（文化末年　小枝繁《さえだしげる》作）は、講談の『景清勾当《こうとう》議略伝』を礎にしているらしいが、ここには近世の結晶化された景清像の典型が語られ

『絵本 武勇伝』景清牢破りの場面(鶴見大学所蔵)

ている。上総悪七兵衛景清《かずさあくしちびょうえかげきよ》——史実が虚像化したという点では、この人物もまた人後に落ちない。

そもそも虚像の出発点は、幸若舞『景清』だった。その後、浄瑠璃の『出世景清《しゅっせかげきよ》』(貞享二年 近松門左衛門作)、『壇浦兜軍記《だんのうらかぶとぐんき》』(享保十七年 文耕堂他作)、さらに歌舞伎に登場する景清では、牢破《ろうやぶ》りが大当たりとなり、荒事《あらごと》の中心となる。『牢破り』『大仏供《だいぶつく》養《よう》』『日向《ひゅうが》』『二人』『琵琶』『嬢《むすめ》』『丹前』など景清作品がつぎつぎに創られ、これが講談や読本に定着した。

頼朝の東大寺供養のおり、その命をねらう景清は畠山重忠に見つけられ捕虜となるが、牢を破り、再度頼朝をねらい捕縛される。頼朝はその強固な意志に免じ助命するが、景清はその恩に感じ、眼ある限りは仇を復する心が消えないとして、これを自らの意志でくりぬき、出家するとの筋である。これが近世の「景清」に共通する世界だ。

ところで、伝説の原型である『平家物語』には、降人となった彼を「生上手《いきじょうず》」と評し、建久六年（一一九五）の大仏供養のおり、和田義盛さらに八田《はった》知家《ともいえ》へと預けられたことが見える。そしてその最後についても、建久七年三月、断食して死んだ旨が指摘されている。この話と次の『吾妻鏡』建久三年正月二十一日条が合体したようだ。すなわち鎌倉の永福寺《ようふくじ》の造営のおり、平家の武将上総五郎兵衛忠光《かずさごろうひょうえただみつ》が魚鱗《ぎょりん》で左眼をおおい、人夫に紛れ頼朝暗殺を企てたところを捕らえられ、その後梶原景時・和田義盛に預けられ、梟首《きょうしゅ》されたということが記されている。おそらくはこの『吾妻鏡』の記事と先の『平家物語』の話が祖型であろう。ともかく上総五郎兵衛と悪七兵衛を意識的に混用したことが、景清伝説の出発点だったのだろう。

牢破りの景清

本題は『菊重栄景清《きくがさねさかえのかげきよ》』、単に『景清』あるいは『岩戸の景清』とも通称される。歌舞伎十八番のひとつ。あらすじは本文にも若干紹介したように、主人公の悪七兵衛景清が頼朝を敵とねらいつづける執念を描いたものだ。

剛勇で名高い平家の武将悪七兵衛は、一門が壇ノ浦で族滅したのちも、単身で頼朝の命をねらっていた。しかし鎌倉側に捕縛され岩牢に閉じ込められてしまう。鎌倉側は景清に平家相伝の家宝〝青山《せいざん》の琵琶《びわ》〟と〝青葉の笛〟の行方を追及する。これに対し、景清はその行方を白状せず、一滴の水、一粒の米も口にせず絶食して、鎌倉側のほどこしを拒否しつづける。

岩永左衛門の拷問に屈しない景清の姿勢をみた畠山重忠は、景清の妻阿古屋《あこや》と娘の人丸《ひとまる》に琴と胡弓を弾かせ、その音色から琵琶と笛の行方を知ろうとする。しかし音色に動じる気配を示さぬ景清を見て、宝の行方を本当に知らないと判断する。が、なおも責めさいなむ岩永の無慈悲な態度に怒りを発した景清は、ついに牢の柱を引きぬきあばれまくるとのストーリーである。

史実と伝説のはざま——『前太平記』について

〝人物でつづる日本の古代・中世〟ともいうべき内容の作品、これが『前太平記《ぜんたいへいき》』および『前々太平記《ぜんぜんたいへいき》』である。それと同時にこの二作品は〝タネ本〟としても大いに歓迎されたようだ。江戸時代は幕府や藩が、それぞれの立場で正説たる官史を編纂した。林羅山《はやしらざん》や林鵞峰《がほう》の『本朝通鑑《ほんちょうつがん》』や水戸藩の『大日本史《だいにほんし》』はその代表だろう。こうした官撰史書とは別に、在《ざい》野《や》の史家が独自にしたためたものもある。稗史《はいし》や野史《やし》と呼称される史書の類だ。とくに人物を軸に組み立てたものとして、この『前太平記』および『前々太平記』の二者をあげることができる。『将門記《しょうもんき》』以降登場した軍記作品を参照し、『今昔物語集』『古事談《こじだん》』『十訓抄《じっきんしょう》』など平安から鎌倉時代の説話集を駆使しつつ、人物と事件を縦糸と横糸に配し、『太平記』の時代以前を描写したのが右の二つの作品だった。

ここでの著述の最大の特色は、虚実相半ばするという点である。少なくとも〝小説〟とは異なる。史書ではあるが、アカデミックな硬派の作品からもいささか遠い。それでも、歴史へのいざないという面では、圧倒的な興味をもって、平安時代から鎌倉時代を楽しみながら読むことができる書物ということになる。そこには伝説が〝たっぷり〟と注入され、虚実の境目がはっきりしない。

まず十七世紀末の元禄年間に成立したといわれる『前太平記』からみておこう。源経基《みなもとのつねもと》から為義《ためよし》にいたる源氏の武将たちの活躍が年代記風につづられており、十世紀以降十二世紀半ばまでの二百年におよぶ平安後期の歴史が語られている。「源氏七代之武備」との表現からもわかるように、そこには王権の危機を救った源氏の武将の活躍が説話・伝説をからめて語られている。

作者は林鳳岡《はやしほうこう》の弟子平山素閑《ひらやまそかん》なる人物だともされるが、定かではない。全四十巻で構成され、各巻六〜七話前後からなる。話の筋道からすれば、浄瑠璃なり歌舞伎などと異なり、あくまで史書としての体裁を保ち、歴史的文脈のなかで各話が継続されており、それなりにおもしろい。

将門・純友《すみとも》の乱と経基、安和《あんな》の変と満仲、そして酒呑童子《しゅてんどうじ》退治と頼光・四天王、平忠常の乱と頼信、前九年・後三年合戦と頼義・義家、興福寺の強訴《ごうそ》と為義という具合に、源氏諸武将と騒乱事件の関連が物語仕立てで叙されている。ここでは『源平盛衰記』以下、『太平記』さらには『俵藤太物語』のような中世の諸作品に登場する平安期の武人伝説を咀嚼《そしゃく》するなどして、幅広い取材がなされているようだ。虚実の境界が不明なほどに、伝説自体が史実化した形で扱われている。このあたりは作者の力量といえなくもない。民衆への歴史啓蒙書としての性格が強いようだ。

当然、こうした稗史・野史・雑史の類への警鐘もないではなかった。井沢蟠竜《いざわばんりゅう》がその著『広益俗説弁《こうえきぞくせつべん》』でさかんに説く、伝説と史実との峻別の強調も、その射程には『前太平記』への意識的批判があった。それだけ『前太平記』の浸透度は大きかったことになる。すでにふれた滝沢馬琴もまた、この書を〝タネ本〟とし大いに作品に活用したとされる。ついでながら指摘すれば、明治の文明史家田口卯吉《たぐちうきち》の『日本開化小史《にほんかいかしょうし》』にさえも、幾度となく『前太平記』からの引用記述がみられ、その影響力の大きさが想像できる。

近世徳川氏の祖は源氏にルーツを求めたわけで、その年代記を六孫王《ろくそんのう》経基から語る場面を重視したのも当然だった。王権の危機を救う源氏の将軍たちという構図は、おそらく近世江戸期の徳川氏（源氏）の世での王権守護の論理と重なるはずだろう。その限りでは江戸庶民にとっては、この構図はまことに率直に受容できる基盤があった。本書の四半分の分量を占める将門の乱への関心に、はからずも『前太平記』に秘められた歴史への想いが、語られている。東国の独立をめざした新皇《しんのう》将門、これは明らかに未曾有の王権の危機だった。これを救出した源氏、これが出発点にならねばならなかった。

平住専庵《ひらずみせんあん》の『前々太平記』も虚実相半ばする点では同様である。奈良時代の聖武天皇から平安中期の醍醐天皇までの事件史を扱ったもので、「正説に考へ野説をも棄てず」（凡例）との考え方が語るとおりだ。ここには『前太平記』のような源氏云々という主題はない。軍書としての性格と同時に、説話的性格も濃い。伊治呰麻呂《いじのあざまろ》の乱や達谷窟《たつこくのいわや》の高丸《たかまる》、さらには出羽国の元慶《がんぎょう》の乱のことなど、興味深い話も多い。藤原氏の他氏排斥事件を材とした応天門《おうてんもん》の変、あるいは菅原道真《すがわらのみちざね》配流《はいる》事件など、怨霊伝説と結びつく話も紹介されている。同時にそこには『伊勢物語』や『源氏物語』への言及など、多方面の知識が投影されている。ここでも伝説の史実化の試みがあるようだ。

もう一つの「知」の回路

源平時代に材を取った『平家物語』、そして南北朝の戦乱に取材した『太平記』、この両者が伝説の宝庫であった点は、すでにふれた。このことは後世にいたり、二つの作品を原基としたものがいかに多いかという点からも首肯されよう。「往来物《おうらいもの》」にあっても、傾向は同じである。素材にされた人物はいずれもが、『平家物語』そして『太平記』的世界のそれだった。

そもそも往来物とは消息集《しょうそくしゅう》のことだ。つまりは書簡を集め、手習いの手本としたものである。庶民の子弟教育の場、寺子屋の教科書としても活用されたことは、よく知られている。中世以来、多くの往来物がつくられたが、江戸期にあって武家の英雄たちを素材にした武家往来、あるいは歴史往来ともよぶべき性格の作品群がみられるようになる。こうした武家往来の早い時期のものとして、室町期に成立した『富士野往来《ふじのおうらい》』は有名だろう。むろん建久四年（一一九三）の富士の巻狩と、そこでの曾我兄弟の仇討で全編が構成されている。これが流布するのが近世江戸期の世界だった。

何度もいうが、近世はたしかに判官贔屓的精神を拠りどころに、敗者の復活に彩りをそえた。史実とは別に庶民の願望がまぶされる形で、英雄像が登場する。しかし、その伝説が広く伝播するためには、それなりの手だて、仕掛けが必要だった。こうしたいい方に誤解があるとすれば、伝説を受信する受け皿と表現してもよいかもしれない。多くの庶民が浄瑠璃や歌舞伎を楽しむことが可能だったのは、そこで上演される演劇の歴史物への知識の蓄積が共通化していたからであり、それがどのような回路に依拠していたかも、考えるべき課題のはずだ。寺子屋の普及と教材としての往来物、とりわけ歴史に材を取った作品群は、芸能や文化の享受者を大量に生み出したと思われる。それこそが記憶としての伝説の受信装置だった。

近世庶民の教材「往来物」には三つの類型があった。古状型、伝記型、そして史詩型だ。およそ五十種にもおよぶ往来物は、明治初期にいたるまでつくられた。そして、この三者の類型は、ほぼ歴史的時間軸に即して登場したものだともいう。当面の問題関心でいえば、まずは人物伝を語った伝記型往来に焦点を据えてみておこう。

十返舎一九《じっぺんしゃいっく》という作家をご存じだと思う。例の弥次《やじ》さん、喜多《きた》さんの道中記で有名な『東《とう》海道中膝栗毛《かいどうちゅうひざくりげ》』の作者だ。この一九はその歴史往来物の仕掛け人でもあった。このことは意外と知られていない。現代風にいえば、〝教科書〟の編者だったことになる。

歌舞伎・講談の作家は、他方では歴史教科書たる往来物の作者だった。寺子屋での〝読み・書き〟の世界の教材は、大人になると芸能的世界と皮膚感覚で接することを可能とさせた。歴史あるいは歴史物が江戸期の人々に深く根を張った一つの理由だろう。

「往来物」の主人公

それではどんな人物が歴史往来の題材となり得たのか。作品名を列記すると以下のようになる。

①菅丞相往来　②菅神御一代文章　③新撰曾我往来　④木曾勇略往来
⑤英将義家往来　⑥弓勢為朝往来　⑦義経勇壮往来　⑧頼朝武功往来

⑨楠三代往来　⑩勇烈新田往来　⑪栄達足利往来　⑫頼光山入往来

この作品群の多くは、源平期と南北朝期の世界に取材したものだ。菅原道真に関してのものや(①②)、源頼光(⑫)の大江山《おおえやま》伝説のものもある。いずれにしても、ここでの人物群が江戸期庶民の英雄像のバロメーターといってもよさそうだ。①を例外として、②から⑫に共通するのは、撰者と成立時期である。撰者に関してはすでにふれたように、十返舎一九、時期的には文政六年(一八二三)から翌年にかけて刊行されたものだ。一九の驚異的ともいえる筆力には脱帽だが、ともかくここで興味深いのは、取り上げられている人物が平安中期の道真から室町期の足利氏にいたるまでの、古代から中世に活躍した人々であり、その圧倒的多数が武人であったという点だろう。

ところで、こうした伝記型の諸往来の目的は、どこにあったのか。大きくいえば伝説の創造に関与した作家の問題意識ということになる。例えば⑦『義経勇壮往来』の序には、「桃太郎の鬼が嶋、猿蟹の敵討、或は武者絵に、いにしへの勇士軍陣のいさぎよきを壮観」とする心情がもたらす教育的効果を指摘したうえで、身近な義経の話題を通じ「只、其文字を覚させんが為なり」と、その目的を記す。それは「是則《これすなわち》、薬の甘きをもつて、小児にすすむるの方便なり」だとする。

ここに一九の歴史往来物への想いが語られている。そこでは、歴史上の人物はあくまで教育の手段にすぎない。したがって、語られている内容が史実か否かは、副次的問題にすぎな

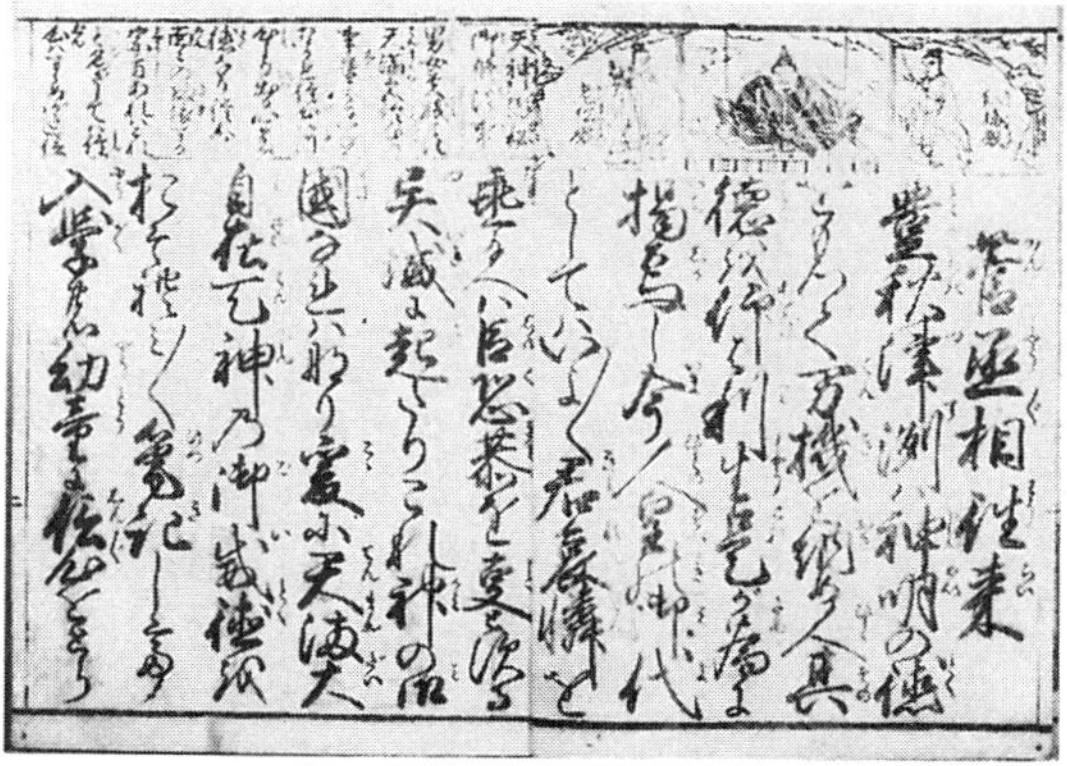

『菅丞相往来』(鶴見大学所蔵)

いということなのだろう。つまりは興味深い身近な英雄を介し、〝読み〟そして〝書く〟ことを学ぶという効用こそが、重要だというのだろう。

この点は他の往来物にあっても同様だった。こうした発言とは別に歴史往来物にこめられた一九の思惑が指摘されている場面もある。⑤『英将義家往来』の緒言がそれだ。

「昔の名将・勇士が軍労の事を往来の書に綴《つづ》り、初学の児童にあたへなば、乱世の時の苦を思ひやり、今太平国恩難有《ありがたき》事を身に染《しむ》ならん」と。この考え方は他の往来物にも通底するものにちがいない。要は太平の国恩の有難さを自覚させるために、乱世に思いを致させることが必要だとの考え方だ。その点では、歴史の効用をふまえての発言ということができる。ここには現実を是認するための方向性が明白だろう。少なくとも、〝歴史の毒〟とは無縁なところにある発言だろう。庶民にとっては、実生活に根ざした常識の範囲内で、歴史を興味深く学ぶことができればよい。そんな気分に対応した表現なのだろう。それゆえにというべきか、人物を介しての一種の道学（朱子学）的な正邪の観念の表明は少ないようでもある。

この点とは逆に⑨『楠三代往来』や⑪『栄達足利往来』の内容については、読者の多くは次のように予想しているはずだ。楠木《くすのき》一族の南朝への忠臣ぶりと、対する足利尊氏の非道というパターンである。つまりは順逆の思想に裏打ちされた観点である。だが、残念ながら十九世紀前半の近世社会の歴史観念は、まだ白紙の状態だった。別のいい方をすれば、庶民レベルの往来物の世界にあっては、驚くほどに素直なのである。

楠木一族については「美名、兵庫湊川に流《な》がる。千載の下、世挙《こぞ》つて賞歎せずといふ者なし」という程度だし、足利氏についても「是に於いて、尊氏……一時にして天下統一之功を成す者」との指摘に見るように、筆誅《ひっちゅう》的場面とは程遠い状況ということができる。

歴史上の人物への思いは後世ほど強烈ではなかった。楠木正成《まさしげ》も足利尊氏も、そこでは〝歴史そのまま〟だった。少なくとも、歴史は政治と別居していたのである。近代明治の国家がその支柱とした南朝正統主義のなかで、正成は急速に浮上し、尊氏は国賊とされた。あの不健康な歴史観とは明らかに隔たりがある。だからといって、ここで近世の往来物に描写されている英雄観を良しとするものでもない。最大の欠陥は「時代」が見えないということだ。

たしかに道真でも義経でも、あるいは足利でも新田でも、不運や悲劇という人間のドラマの描写はあるが、それ以上ではないという点だろう。当然といえば当然なのかもしれない。「時代」を人物とのからみで見据えた議論を可能にしたのは、やはり近代歴史学の成果のはずだ。この点では「時代は英雄を創り」「英雄は時代を創る」という当たり前のことの分析が不明なのだ。無いものねだりはよそう。

もっとも⑫の『頼光山入往来《らいこうやまいりおうらい》』に関していえば、近世江戸期の知識人の健全な常識もあふれている。もちろんこの話は室町時代の御伽草子『酒呑童子』が下敷きになっている。大江《おおえ》山《やま》に住む鬼＝酒呑童子を源頼光以下従者の坂田金時らが退治するという有名な伝説だ。一九はその緒言のなかで、「世俗に酒顚童子《しゆてんどうじ》を鬼とするは、此頼光公の武勇を褒《ほめ》んが為、後人怪異を附会するのみ」と断じ、童子の正体が「盗賊」であったこと、人々は「所業凶悪」を恐れて鬼と表現したと説いている。このあたりが健全さの保証となる。

ただし、ここには鬼と酒呑童子との関係は指摘されてはいるが、この頼光の話が伝説か否かの区分けは判然としていない。これ自体は往来物作家の関知するところではないのかもしれないが、当時の庶民意識からすれば、史実の頼光よりは、この伝説化された頼光の方が受容されやすかったにちがいない。何しろ往来物に始まり、浄瑠璃・歌舞伎・講談と幾重にもリフレインされながら、人々の心の深層に沁み込むのである。その意味で江戸期は、中世の伝説が広がりと深さを保ちつつ、庶民に浸透した時代だった。ある意味では伝説の史実化の時代ともいえる。

たしかに、こうした伝説の真偽を学問的に議論することがなかったわけではない。前にもふれた正徳五年（一七一五）に刊行された井沢蟠竜の『広益俗説弁』などは、その代表的作品だろう。が、これはやはり一部であり、多くは芸能や往来物などの「知」の回路からの影響が圧倒的だった。

以上、述べてきたことをふまえながら、次章以下では中世英雄列伝ともいうべき内容で、伝説化した人々の足跡をトレースすることにしよう。

第二章　道真と将門　敗者の復活

ここでは怨霊伝説を軸に語りたい。伝説が敗れし者の記憶という側面を持つことはすでにふれた。敗者の存念が死後に至っても人々に取り憑く。菅原道真《すがわらのみちざね》の天神信仰には、非業の死者への鎮魂の念が込められている。歴史のうえでの敗者復活の早い例として、この道真の問題を取り上げよう。

『菅原伝授手習鑑』より

すでに前章を読了された方は理解いただけたと思うが、近世江戸期は中世の人物に脚色をほどこし、あらたな感性を吹き込んだ時代だった。菅原道真もまた同様だろう。彼が藤原時平《ふじわらのときひら》との政争に敗れ、大宰府に左遷され、そこで死去したという史実、これをベースに雷神・天神信仰が加わり、中世には伝説化された道真像が定着してきた。この点はおいおい指摘することとして、まずは浄瑠璃・歌舞伎世界での道真の話を紹介しておこう。

義経や忠臣蔵の話とともに、三大名作と数えられるのが『菅原伝授手習鑑《すがわらでんじゅてならいかがみ》』だ。現在でもしばしば上演される人気演目の一つである。延享三年（一七四六）、竹田出雲《たけだいずも》らの合作になる作品だが、長大な内容を微細に紹介してもはじまらないだろう。ここには道真も時平も、そして斉世《ときよ》親王も登場する。だが、江戸期らしさの仕掛けは「せまじきものは宮仕へ」と、主君を持ったがゆえに非人道的な行為をあえてする身の因果を嘆く場面であり、これが庶民の涙をさそう。その点では怨霊云々は埒外といってもよい。ストーリーのみを簡略に記せば以下のようになる。

渤海国《ぼっかいこく》から天皇の絵姿を求め使者が訪れる。左大臣時平《しへい》が病床の天皇に代わろうとするが、右大臣道真にとがめられ、結局弟宮斎世親王が天子の装束で身代わりとなる。これが発端で時平は、道真と斎世親王に害意をいだく。右大臣道真の養女苅屋姫《かりやひめ》と斎世親王は、恋の駆け落ちを三善清貫《みよしきよつら》に発見され、時平による道真讒言《ざんげん》の材料をつくることになる。恋の仲立役で道真の臣白太夫《しらたゆう》の三つ子の一人桜丸は悩む。他方、道真は勘当したかつての弟子武部源《たけべげん》蔵《ぞう》を呼び出し、筆法（書の奥義）を伝授し九州へと旅立つ。三つ子の長男で道真の臣梅王丸は、道真の子菅秀才《かんしゅうさい》をその源蔵夫婦に預ける。この梅王丸と桜丸の両人は吉田社頭で時平を襲うが、三兄弟の一人で時平の臣となっていた松王丸に妨げられ失敗する。寺子屋を開き菅秀才をかくまう源蔵のもとに、その首を討てとの時平の命がくだる。おりしも入門した新弟子の首を身代わりとして差し出すが、実はその子は松王丸の実子で、道真にひそかに心を寄せる松王丸が、わが子を犠牲にしての覚悟の身代わりであった。道真は時平の悪逆を怒り、ついに雷神となり、時平をはじめとする悪人を滅ぼす。

こんな内容だ。道真の悲劇に加えて、敵味方に分かれた三兄弟の葛藤が、主筋となってい

『菅原伝授手習鑑』表紙（鶴見大学所蔵）

る。歌舞伎的な首のすげ替えの趣向をはじめ、道真外伝としての要素が濃い。

そもそも、この作品のモチーフには種々の先行する芸能があった。謡曲『雷電《らいでん》』『道明寺《どうみょうじ》』がそうである。浄瑠璃では『虎巻《とらのまき》菅丞相《かんしょうじょう》』や『天神記《てんじんき》』が該当する。とくに近松門左衛門の『天神記』（正徳四年）には、忠臣白太夫と梅王・松王・桜丸の三兄弟、さらに浪人の武部源蔵の開く寺子屋と道真の一子菅秀才など、『菅原伝授手習鑑』にいたる骨格がほぼ出そろっている。

近世の道真伝説の最大の特色は、その存在を中世的な怨霊あるいは御霊信仰の対象から解放したことだろう。学問神としての天神信仰が庶民のあいだに定着したことも大きかった。そもそも『菅原伝授手習鑑』のなかで、寺子屋を登場させるのもこの点と無関係ではない。そして近代明治の国定教科書では、道真をもっぱら配流先でも忠臣としてのみ描きだしている。天皇より下賜された衣を捧持し悲運に殉じた忠節の臣、そんな構図が与えられていた。伝説の組み換えとでも呼ぶべき状況だろう（この点、第五章参照）。
すでにふれたが、往来物の世界にも『菅丞相往来《かんしょうじょうおうらい》』『菅神御一代文章《かんじんごいちだいぶんしょう》』などの作品も流布されている。「豊秋津洲は神明の徳をもって……」「爰《ここ》に天満大自在《てんまんだいじざい》天神の御威徳を、おそれみおそれみ筆記して、入学の幼童に信心をとらしむる基《もとい》を与へんとす」との序文でもわかるはずだ。近代における忠臣としての道真像は、江戸期往来物でのイメージを前史に組み込み、登場してきたことも了解されよう。近世さらには近代の芸能的世界は、庶民と国民の側に学問神なり忠臣なりの立場から、拡大した伝説の道真像を流布させた。

天神のわらべ唄

〽通りゃんせ、通りゃんせ、
　此処は何処の細道じゃ、
　天神様の細道じゃ……

このわらべ唄をご存じだろう。「通りゃんせ」とも「天神様」ともよばれる遊戯唄である。江戸時代以来、唄い継がれたもので箱根の関所での哀訴の唄とも、あるいは子取り遊びの唄ともいわれる。ここに登場する天神様とは、いうまでもなく道真の化神だった。「この子の七つのお祝いにお札《ふだ》を納め」るとは、七五三の宮詣りで天神に願をかけることだ。江戸期はたしかに庶民の信仰対象に天神が大きな役割を果たした。それでは天神＝道真が歴史的に登場するのはいつのことなのか。

よく知られているように、宇多《うだ》天皇に登用された道真は、醍醐《だいご》天皇の治世下で右大臣となるが、その直後左大臣の時平の訴えで、娘婿の斉世親王擁立の疑いから大宰府へ左遷される。そして二年後の延喜三年（九〇三）、その地で没した。『扶《ふ》桑略記《そうりやつき》』には道真の没した二カ月後には、彼の無実を認め配流の宣命《せんみよう》を焼却、「勅シテ火雷天神ト号ス」（第二十三）としたことがみえる。

道真が観自《かんじ》在天神《ざいてんじん》として祭られ、これが畏怖の対象から学問神へと転換されるのは後述するように、平安末期のことだ。中世をへて江戸期の寺子屋ではこぞって、この道真を学問の祖神として崇めた。前述の『菅丞相往来』の序文には、そうした想いが込められている。罪なくして時平の讒言により左遷先で死んだ道真を、中世は復権させ北野社に祭ることで、怨霊鎮撫の手だてとした。が、近世は〝さわらぬ神〟から〝さわる神〟へと道真を導くことになる。その限りでは道真＝神童観の本格的登場も、これと軌を一にしている。荒《あら》ぶる雷神という側面とは別に、学問神としての位置づけが多くなると、道真は生まれながらに神の子だったとの伝説が強調されるようになる。前章に紹介した『前々太平記』にも、「参議菅原是《これ》善《よし》卿の私館の庭、遣水《やりみず》の上なる巌《いわお》の肩に年の程五歳ばかりなる丱結《びんずらゆい》たる童子一人、忽然《こつぜん》と来たり立玉ふ」（巻十三「菅丞相降臨事」）と見える。ただし江戸期の歴史感覚の健全さは、これを完全に俗説として排している。『広益俗説弁』（巻八）には、そのことへの言及がある。

この点は別にしても、道真＝神童観の原型は、鎌倉期の成立と伝えられる『北野《きたの》天神縁《てんじんえん》起《ぎ》』にある。道真は神童として、菅原是善の庭に化現《けげん》し、養育される。詩文の才に長けた道真は、その卓越した才能により右大臣に昇進するとのストーリーだ。伝説の宝庫ともいうべき『平家物語』（巻二「小教訓」、巻八「名虎」など）や『太平記』（巻五「大塔宮熊野落事」、巻十二「大内裏造営事」、巻十八「春宮還御事」、巻二十六「芳野炎上事」など）に見えている。『平家物語』の一異本たる『源平盛衰記』（巻十一、巻三十二）も同様の話を載せる。細部は別としても、大枠としての道真伝説は、中世のこうした軍記作品を通じ、人々の間に流布したことは間違いない。

「文道之祖」——学問神の誕生

ところで、『北野天神縁起』に関連していえば、そもそもこの北野の地と道真の関係はどのようなものであったのか。道真以前の天神についても考えておく必要がありそうだ。北野・道真、そして天神三者の関係いかんということである。

もともと北野はその名のとおり、大内裏の北方の野の呼称だった。この地は早くから聖地とされていたようで、『続日本後紀《しょくにほんこうき》』にも「遣唐使のため、天神地祇を北野に祠す」(承和三年二月朔日条)と見えている。唐への使者の臨時祭がこの地でなされていたことを確認できる。何より注目したいのは、後世この地に祭られた道真が、遣唐使に深く関与していたことだ。その点で、道真以前からも天神と北野には接点があったことになる。

さらに、この天神が雷神としての側面を持ち、道真に投影されていることに関しても、道真以前からの説明が可能だ。『西宮記《さいきゅうき》』には延喜四年(九〇四)十二月十九日に「雷公の北野を祭らしむ」とあり、その由来について太政大臣昭宣公《しょうせんこう》(藤原基経)が、元慶《がんぎょう》年中(八七七〜八八五)に年穀のため、雷神を祈り感応があったことを記している(巻七「裏書」)。この北野の地は九世紀後半の道真以前から雷公(雷神)が祭られており、慈雨の祈願がなされていたのである。ともかく雷―水―雨―農業との脈絡が確認できる。

こうしたことから、北野の地が道真以前に天神の聖地としての性格を有していたことは、ある程度ご理解いただけるだろう。それではこの道真の天神が学問神として登場するのは、いつごろのことか。その前提は人格神へと転化した天神の道真が、怨霊的畏怖の対象を離れ、菅原氏の氏神へと化する段階だろう。例えば『小右記《しょうゆうき》』には寛仁元年(一〇一七)八月七日、蝗害《こうがい》(いなごの被害)の祈願として、諸社への奉幣がおこなわれ、北野社へは菅原為《ため》職《もと》が遣わされたことが見え、十一世紀初頭には、菅原氏の北野社への氏神化が成立していたことがわかる。儒家―文章道―詩文の神という枠組みは、この氏神化とおそらく一体化していたのであろう。

鎌倉・室町期の段階には、右の氏神化と相まって詩文の神としての天神信仰が一般化するようだ。その原型は十世紀末には登場している。『本朝文粋《ほんちょうもんずい》』には、慶滋保胤《よししげのやすたね》が道真の霊に捧げる願文の一句に「それ天神をもって、文道之祖、詩境之主となすなり」とあり、天神が詩文の神たる場面で登場していることがわかる（寛和二年〈九八六〉七月二十日）。こうした歴史的起点のなかで、鎌倉・室町期には詩文・芸文の神として、菅原氏の氏神や儒家の神の枠を超え、道真の神格化が大いなる広がりを有した。中世後期に『弓矢』をはじめとした、狂言などの文芸作品に登場する天神の名称は、その最たるものだろう。江戸期の寺子屋での天神信仰にはこうした前史があったことになろうか。

天に口なし、人をして語らしめよ

次に、こうした伝説の原点をさぐることとしよう。幾つかの原点の一つが『扶桑略記《ふそうりやつき》』に散見する。例えば、没後八十年を経過した永観二年（九八四）六月、太宰府の安楽寺《あんらくじ》より道真の霊が自己の心中を語った託宣がもたらされた。それによると道真は自在天宮に住し、「随身伴党一万二千八百余人」を駆使し、世に背き恨みをふくむ者の「霊魂」を参集し、復活するのだという。またそこには怨霊による種々の異変で「公家」もその責任に堪えかね、改元の方策を講じるまでに至ったこと、さらには配流詔勅の作人に天罰を与え、内裏炎上もわが身の所為なることが語られている。

　むろんこれは六八〜六九ページの道真怨霊関係年表を参照すれば明らかなように、道真没後の歴史的諸事件を付会させた話だろうが、当時の貴族をふくめ多くの世人が、道真の怨霊に怖れを抱いていたあかしでもあった。おもしろいのは右の『扶桑略記』の記事で、「愁《しゅう》緒《しょ》」をふくむ霊として「上は崇道《すどう》天皇より下は菅家小臣に至るまで帝釈宮を去らず」と語っている場面である。崇道天皇とはもちろん、早良《さわら》親王のことだ。桓武天皇の同母弟で、藤原《ふじわらの》種継《たねつぐ》暗殺事件に連座して配流され、憤死した人物だ。桓武はこの早良親王の怨霊に悩まされ続けた。平安時代は皮肉ながら、この怨霊への不安と同居するなかでスタートした。政争の敗者が怨みをふくみ、死後怨霊となり、社会や個人に危害を加えるとの考え方が広まり、これを慰撫・鎮撫するための祭りが御霊会《ごりょうえ》だった。

　御霊とはその怨霊への畏敬の念の表現だが、貞観五年（八六三）京都の神泉苑《しんせんえん》での御霊会がその始まりとされる。『三代実録《さんだいじつろく》』によれば、ここで御霊とされた人々は、崇道天皇・伊《い》予《よ》親王・藤原夫人（伊予親王の母、吉子《きっし》）・観察使《かんさつし》（薬子《くすこ》の兄、藤原仲成《なかなり》）・橘《たちばなの》　逸勢《はやなり》（承和の変で配流）・文室宮田《ふんやのみやた》麻呂《まろ》（承和十年、陰謀加担で配流、死没）の六名で、いずれも政争敗死者だった。

　九世紀後半以降における御霊信仰の盛行を前史として、道真の怨霊問題が取り沙汰されたわけで、この点の確認が必要だろう。道真もふくめ、こうした政争での敗者たちは民衆を介し、怨霊という形で再生する。敗者を追いやる勝者の良心の呵責が、怨霊への恐怖をはぐくむこともあったろう。「天に口なし、人をして語らしむ」とは中国の故事だが、敗者が歴史において復活する状況には、無謀な権力への抵抗として、民衆を介し歴史に訴える、そんな意味があったのだろう。

本書の末尾に付した〈付録〉は、軍記作品に取り上げられた逸話・伝説の類を拾ったものだが、これを参照すればわかるように、中世にはこの怨霊が武人・武士にまで波及し、非業の死を遂げた人々が復権をとげる場面が多く見られることに留意したい。

怨霊伝説の展開

話を道真に戻したい。道真の死後のことに関していえば、『北野天神縁起』が伝える次のような内容のものもある。

天満大自在天神となった道真は、生前の師弟のよしみから延暦寺の座主《ざす》法性房尊意《ほっしょうぼうそんい》のもとを訪ね、次のように語ったという。

道真　私は梵天や帝釈天のお許しを得ている。もはや神祇（日本の神々）の諫めるはずもなく、内裏におもむき配流の苦しみの想いを伝え怨みを晴らそうと思う。だが、あなた（尊意）が法験で、私の行動を邪魔しようとしている。年来からの師弟の関係でもあり、そのよしみに免じて、そんなことはおやめ願いたい。

尊意　しかし、師弟の契《ちぎり》とはいっても、一世限りのものではないはずです。菅丞相公の霊により、私の眼がくりぬかれたとしても、菅公の申し出を受けるわけにはまいりません。まして王土でない所はなく、勅宣を三度賜るならば、法力による調伏を断ることはできません。（『北野天神縁起』第五巻第三段より意訳〈日本絵巻物全集〉所収　角川書店）

右の尊意の意向を聞いた道真の霊は気色を変じ、石榴《ざくろ》を口にくわえ、これを妻戸《つまど》に吐きかけ消えたという。ご存知かもしれないが、謡曲の『雷電』は、この『北野天神縁起』の場面に由来する。右の話に登場する天台僧尊意は、道真の仏教の師でもあった。道真没後の設定だが、それなりの真実味はある。尊意は天台座主の地位にあったことで、後世その法力を伝える話が創造されたようだ。この北野縁起以外にも清和天皇即位をめぐる逸話を伝える『曾我物語』（巻一「惟喬《これたか》・惟仁《これひと》の位あらそひの事」）、『平家物語』（巻八「名虎」）にも登場する。

文徳《もんとく》天皇の二人の皇子惟喬と惟仁（のちの清和天皇）が互いに皇位を争ったさいに、競馬や相撲で勝負が決された。そのおりに大威徳法《だいいとくのほう》で惟喬親王側を調伏した天台座主恵亮《えりょう》の力を語る場面で、尊意のことがふれられている。後世になると道真は、怨霊云々とは別に、法力により鎮撫される対象、要は調伏伝説とのかかわりにおいても語られる。尊意伝説はその点では、山門側の法力霊験譚としての色彩を濃くする。

道真が怨霊としてかまびすしく云々されるのは、延喜八年（九〇八）の藤原菅根《すがね》の死没以後のようだ。その死は怨霊の仕業と風聞された。これに追いうちをかけるように翌年、当の藤原時平も没する。道真の霊が時平の左右の耳から青竜となって現れている姿の絵巻をご存じの方も多いと思う。この場面で加持をおこなったのが三善清行《みよしきよゆき》の息男浄蔵《じょうぞう》だった。浄蔵の法力は著名であったようで、『古事談』などの説話集にもその調伏伝説が見える。清行は道真のライバルと目される人物で「意見封事《いけんふうじ》」を上奏したことでも知られ、宇多・醍醐天皇時代の政治的ブレーンだった。当然、種々の点で道真と対立もあったとされる。

『北野天神縁起』では、道真の怨霊は、時平と友好関係にあった清行に、その息男浄蔵を介し、加持をとどめるように語る。宿敵への復讐を天帝から許された道真にとって、敗れし者の怨念を人々に伝える行為ということになる。著名な絵巻の場面は、こうしたメッセージが語られている。そしてその極みが延長元年（九二三）の醍醐天皇皇太子保明《やすあきら》の死であり、その数年後におきた清涼殿の落雷事件、さらには醍醐天皇の死だった（道真怨霊関係年表参照）。こうした偶発的諸事件は、敗者道真が怨霊として復活したとの意識を広めることになった。そしてこの醍醐天皇の死は次のような伝説を生み出すことにもなる。

『扶桑略記』天慶《てんぎょう》四年（九四一）三月条にのせる『道賢上人冥途記《どうけんしょうにんめいどき》』がそれである。大和の金峯山《きんぷせん》で修行していた道賢がにわかに息絶え、やがて閻魔の王宮に到り金剛蔵王権現《こんごうざおうごんげん》の導き

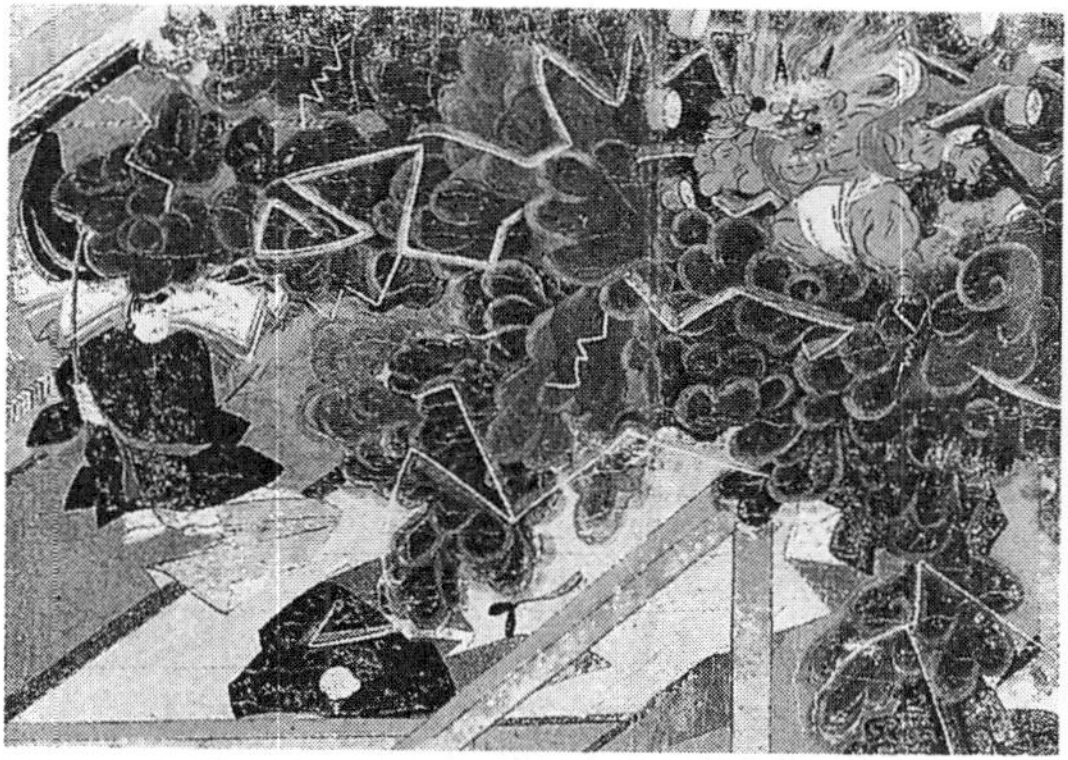

『北野天神縁起絵巻』（北野天満宮所蔵）

で冥界を遍歴するという話だ。道賢は別名を日《にち》蔵《ぞう》といい、例の浄蔵と同様に三善清行の息男だった。彼は冥界で道真、そしてその配流を容認した醍醐帝に出会う。そこには地獄の鉄窟に灰燼のようにうずくまっている醍醐帝の姿があった。帝は道賢を見るや、これを招き自己の地獄の苦しみを招来した原因が、罪なき道真を流罪にした己にあることを述べ、他に犯した四つの罪のために責められており、この上は朱雀《すざく》天皇や藤原忠平《ただひら》に、わが身を救済するよう奏してほしいと伝言する。

道賢（日蔵）は、十三日間にわたる冥界の旅路をへて再生する。ともかく、ここにはその他もろもろのことが語られている。国土に災害をもたらしたことも、延喜聖王（醍醐天皇）の命を縮めたことも、さらには内裏落雷炎上のことも、あるいは疫病も謀叛乱逆の心もいずれもが、太政威徳天たる道真の所為であることが告白されている。この話は『太平記』（巻二十六「芳野炎上事」）にも再録され、ほぼ伝説としての地位を確実としたようだ。

道真怨霊関係年表

八九九（昌泰二）	道真、右大臣	
九〇一（延喜元）	藤原時平・同菅根、道真を讒奏、配流	
九〇三（延喜三）	道真、大宰府で死没（五十九歳）	
	四月二十日、道真本職に復し、一階を加え、配流の宣命を焼却	『扶桑略記』
	火雷天神の号を授与	『扶桑略記』
九〇八（延喜八）	藤原菅根、五十四歳で没、道真怨霊の所為と噂される	『日本紀略』『北野天神縁起』
九〇九（延喜九）	時平、病没。道真怨霊の所為と噂される	『北野天神縁起』
九一八（延喜十八）	三善清行没（七十二歳）	
九二三（延長元）	醍醐天皇皇太子保明親王没	『日本紀略』
	道真、正二位右大臣となる	
九二七（延長五）	道真の霊、旧宅に出現	『扶桑略記』

九三〇（延長八）	清涼殿に落雷、道真（天神）の祟りと噂される	
	大納言藤原清貫焼死	
	右中弁平希世、顔焼	『日本紀略』
	右兵衛佐美努忠包焼死	
	紀蔭連、安曇宗仁負傷（六月二十六日）	『北野天神縁起』
	醍醐天皇咳病（七月十五日）	
	醍醐天皇没（九月二十九日）	
九四七（天暦元）	右近馬場に天神を祭る北野社創建	『北野天神縁起』
九八四（永観二）	安楽寺託宣で道真の怨霊が自己を語る	『扶桑略記』
九九三（正暦四）	道真の墓所太宰府安楽寺に勅使、正一位左大臣とする	『日本紀略』
	翌五年追贈、正一位太政大臣	

衰退する王権

『道賢上人冥途記』をどう読むのか。いろいろな解し方がある。しかしここで注目されるのは、〝地獄に落ちた醍醐天皇〟という場面だろう。ここでは明らかに律令的な王権が有したあの強大さは、昔日のものということになる。御霊会の挙行に見られるように、九世紀半ば以降神仏の霊威が、王権を凌駕する状況が登場していた。王権の枠内で鎮護国家に寄与した仏法も、密教の台頭に合わせ、この時期には王法ともども大きな力になりつつあった。

その限りでは、怨霊に悩まされた最初の天皇が桓武であったことは、平安王朝を特色づけるものとして何とも象徴的だろう。だがしかし、その桓武天皇にあっては、王権の威力は依然として強かった。桓武は地獄へは落ちなかった。少なくとも説話・伝説上ではそうだ。

他方、延喜聖王とされた醍醐天皇の時代には、その聖代観が増幅されつつも、道真を介し、その醍醐を地獄へと追いやるのである。王権は怨霊に敗北したのである。実はこの読み取りの意味は、思うほどに軽くはない。王権の相対化とでも表現すべき状況が、到来していると考えられる。もちろん中世という時代の誕生を、即物的に武力による権力奪取との観点から理解することは、明確ではあるがおもしろ味に欠けるようだ。そうした点から中世の予兆をかぎ分けようとする場合、道真の怨霊問題がわれわれに問いかける内容は、限りなく大きいのかもしれない。右に中世の予兆という表現を用いたが、現在ではこの時期の国家の特質を王朝国家とよんでいる。十世紀から十二世紀までの古代から中世への過渡的な国家の呼称である。

ちなみに王権の力を語るおもしろい逸話がある。『大鏡』（時平伝）に載せるものだが、そこには雷神となった道真が清涼殿に落ちると、そこに居合わせた時平は太刀を抜きはなち、「いくら神になったからといっても、（右大臣だったあなたは）左大臣の私に遠慮すべきだ」

と怒りをぶつけたところ、雷は静まったという。それは時平の力によるものではなく、「『王威』のかぎりなくおはしますによりて」であったからだと、『大鏡』の作者はいう。

一見するところ、先述の道賢上人の世界が語る冥界での天皇のイメージと、この『大鏡』での「王威」観は、王威の失墜と高揚という二つの局面において、逆の理解が与えられそうだ。後者の『大鏡』評もふくめ、一般的には延喜聖代観が定着し、醍醐天皇の評価は高い。それゆえに十世紀初頭は古代律令国家が最後の光を放った段階と解されている。しかし見方を変えれば内実においては、王権自体がその力を喪失しつつあった段階であったことは否定できず、大きな転換期であることは動かない。

表面的には律令制の再興や刷新がなされた点は重要だが、実態においては、むしろ王権の衰微が本格化したことは、認めなければならず、大きな画期であった。その限りでは両者に、さほどの隔たりがあろうとは思われない。王朝国家段階の王権は、在来のものとは明らかに変化している。醍醐天皇の苦悩を語る世界に、当時の人々の王権への思惑が象徴されているようでもある。

冥界からの情報

これまで道真怨霊伝説をさぐるにあたり、尊意や道賢の冥界譚《めいかいたん》を見てきた。その尊意は将門の調伏でも有名だった。彼は天慶三年（九四〇）正月、将門の調伏祈願をおこなった人物として名高い。将門は翌二月十三日に、藤原秀郷《ひでさと》・平貞盛《さだもり》連合軍のために敗北する（『日本紀略』）。朝野《ちょうや》こぞってこの名僧の験者としての力を讃えた。が、尊意自身、将門討滅直後に入滅している（『貞信公記抄《ていしんこうきしょう》』『日本紀略』）。そのためであろうか、将門の後を追うように没した尊意は、伝説に彩られている。

『元亨釈書《げんこうしゃくしょ》』の都率天《とそつてん》再生説話もその一つだろう。尊意は入滅後、将門調伏の功で僧正・法印大和尚位が贈られている。『僧綱補任抄出《そうごうぶにんしょうしゅつ》』（上）によれば、延暦寺講堂で「不動安鎮国家法」を修したおり、弓箭を帯した将門が「壇爐災中」に見えたという。これは尊意の験力を語る逸話だろうが、おもしろいのは、現世では名声を馳せたその尊意も、冥界では地獄に落ちたことだ。『僧妙達蘇生注記《そうみょうたつそせいちゅうき》』という作品がある。十世紀後半の成立と伝える『三宝絵《さんぼうえ》詞《ことば》』（源為憲《ためのり》が永観二年に尊子《そんし》内親王に献上した）に収載されているものだが、ここには将門について「東国のあしき人といへども、先世に功徳をつくりし報ひにて、天王となれり」と評され、他方の尊意は「悪しき法を行て、将門を殺せり、この罪によりて日ことに百度たたかひす」と見えている。

よく知られているように、十世紀後半『往生要集《おうじょうようしゅう》』の広がりとともに、地獄思想が浸透する。この時期に大量に生み出される冥界譚には、その影響が見られるようだ。すでにふれた『道賢上人冥途記』がそうだし、この『僧妙達蘇生注記』も同様である。越後の僧妙達が冥界に赴き、故人の消息を聞き、生き返って世人にこれを伝えるという話である。いちおう天暦五年（九五一）の時代に仮託されている。

これらの冥界談義で留意すべきは、現世での勢力関係が冥界では逆の構図として立ち現れている点だろう。地獄に落ちた醍醐天皇とこれを攻撃する道真という図式であり、将門に追われる尊意という構図だ。そこでは敗者の復権がはかられている。シジフォスの神話よろしく、一日に百度も戦いを強いられる尊意の姿に、東国民衆の将門に寄せる想いの一端を知ることもできる。勝者と敗者の逆転という発想は、冥界という「場」でこそふさわしい。人々の脳裏に刻まれたこの伝説は、それなりの重みをもって時代を超えて生きたわけで、十二世紀前半の『今昔物語集』をふくめ、種々の中世の説話集にもその一部が継承されている（例えば『古事談』第四、勇士）。

こうした伝説は中世の社会にどう定着したのか。将門あるいは道真の件については、『平家物語』あるいは『太平記』などに数多く見られる（巻末〈付録〉参照）。ちなみに将門の話は九条兼実《くじょうかねざね》の『玉葉《ぎょくよう》』にも、多くを数える。例えば頼朝の関東制圧と将門の乱を対比した記事には、かつての信西《しんぜい》入道の発言を引用しつつ、「帝者の運」がある将門を尊意が調伏したために滅ぼされたこと、そのために尊意は五日後に死んだと語られている。兼実にとっても尊意入滅が将門調伏との関係で語られており、源平内乱期にはこの調伏伝説は〝事実〟として定着していたようだ。

道真伝説に登場した尊意の話から、話題が将門へと波及しつつあるようだ。将門が顔をのぞかせたことでもあり、以下では道真の怨霊とこの将門の乱の関係についてもふれておこう。

天神様の歴史学

すでにふれたが、道真の霊が恐れられるようになったのは、延長元年(九二三)、藤原時平の甥、皇太子保明親王の死が大きかった。「菅帥の霊魂、宿忿のなすところ」(『日本紀略』同年三月二十一日条)とは、その端的な表現だろう。これに拍車をかけたのがその七年後の延長八年の清涼殿の落雷事件、そしてこれを引き金とする醍醐天皇の死没という一連の偶発的事件だった。道真が「天神様」として祭られるのは、それから二十数年をへた天暦元年(九四七)のことだった。北野天満自在天神宮の建立である。だが、道真が「天神様」となるには、この間における大きな事件があった。

一つは天慶《てんぎょう》の乱である。将門そして純友《すみとも》の乱が当時の貴族層に与えた影響は、はかりしれないものがあった。当該期の諸史料をひもとけば、頻発する大地震・飢餓・疫病がこの道真の怨霊によるものであり、天慶の乱もまたその延長とされていたことがわかる。後にも指摘するが、『将門記』で将門が上野《こうずけ》国府で東国(坂東)独立宣言ともいうべき「新皇《しんのう》」の詔を得たおりに、八幡神とこの天神(道真)を登場させていることは重要だろう。敗者としての道真が天神として復活し、「新皇」たる将門をかつぎ出すとの構図を設定できるからだ。『将門記』作者にとっては、畏怖の対象となっていた道真の霊を将門の乱と結合させたのは、自然の解釈だったのかもしれない。いずれにしても、天慶の乱は道真の天神信仰成立に一つの画期をなしたことは疑いない。

そしてもう一つの事件である。天慶の乱の鎮圧後四年を経過した天慶八年（九四五）七月、都では、東西の国々から諸神がいっせいに入京するという風聞が広がった（『本朝世紀《ほんちようせいき》』）。有名な志多羅神《しだらがみ》事件だ。数百人の民衆にかつがれた志多羅神が入京するのだという。三基の神輿《みこし》の第一のものには、「自在天神」の額が付せられていた（『吏部王記《りほうおうき》』）。はるか山陽道をへて九州・筑紫の地から送られてきたものだった。指摘されているように、こうした民衆的宗教運動には天神としての道真を背負うことで、宗教的ファナティックな感情を王権の中枢京都に伝達し、当時の政治政策への庶民の抵抗を示そうとしたとされる。

ともかく、道真が志多羅神入洛事件にもかかわりを有したことは留意されるべきだろう。いずれにしても、道真が天神様に定着し、これが広く後世伝説化するにさいしては、天慶年間における二つの事件、将門の乱と志多羅神事件が大きな画期となったことは、重要だった。

八幡神・天神、そして新皇

『将門記』には天慶二年（九三九）十二月上野国府を占領したおり、将門のもとへ八幡大菩薩の使者と称する巫女《みこ》が登場し、帝位を授ける場面がある。「朕が位を蔭子《おんし》平将門に授け奉る」と。八幡神とともに位記（位階を授けるとき与える文書）の奉者として、「左大臣正二

『将門一代記』（坂東市所蔵）

位菅原朝臣の霊魂」が登場する。八幡神と天神二つながら将門を「新皇《しんのう》」として認定すべく立ち現れている。

十一世紀の成立とされる『将門記』はこの二神を登場させることで、坂東の独立宣言とした。つまり京都の天皇（朱雀《すざく》）に対比されるべき新皇（将門）の創出とは、新王朝の樹立ではなく、日本国の坂東地域の分与という意識が強かったようだ。それゆえに本来の天皇＝「本皇」の存在を認めたうえで、将門は自らを「新皇」と称した。この「新皇」にふさわしい神々、これは天照大神《あまてらすおおみかみ》よりは如来部《にょらいぶ》の次位に位置する菩薩《ぼさつ》部の仏が、ふさわしいとされたにちがいない。それは武神たる八幡神ということになる。この武神（八幡大菩薩）を「新皇」の守護神として迎えることと、『将門記』作者が意図したものは、こんなところだったろう。

しかもこれに加え、親切にも天神まで将門に味方する念の入れようだ。この時期、道真の怨霊は依然として人々の間に大きな恐怖を巻きおこしていた。国家への反逆を助長するエネルギーは、すべて天神の霊威の仕業とされた。「延喜」という年号を「延長」に改元させたのも、道真の怨霊のゆえであった。

ここで想い出していただきたい。例の道賢上人《どうけんしょうにん》の『冥途記』が天慶四年という時点であったことを。そしてそのなかに表現されている「謀叛乱逆」とは、当然だが、将門の乱が投影されていたことになる。いずれにしても、道真（天神）が担った役割とは、王権と敵対することも辞さない姿勢を示すということだろう。自己を敗者に追い込んだ王権への復讐、そのための反逆者への与同《よどう》は当然の論理だった。

「新皇」将門が、八幡神と天神をいただく意味をこのように理解することで、整合的説明が可能なはずだ。どうやら道真から将門の世界へと議論の対象が移りつつあるようだ。以下ではその将門論を伝説とのからみで、展開しておきたい。ここで再度、江戸期の話に少しだけ逆戻りしよう。

将門伝説の感染力

『昔 語質屋庫《むかしがたりしちやのくら》』という作品がある。曲亭（滝沢）馬琴の作品である。以下では少し趣向をかえて将門伝説について、これを題材に語っておこう。文化七年（一八一〇）に刊行されたこの作品には、代表的な将門説話も紹介されており、楽しみながら読むことができる。ストーリーは単純である。南都の質屋の倉庫に質物としてとられていた諸道具が、人々の寝静まった夜中に会合し、互いにその身の上を語り合うという内容である。

「平将門衰竜《こんりよう》ノ装束」（巻三第七）では、六つの伝説が紹介され、その真偽を馬琴らしい筆致で語っている。近世初頭までの将門伝説が顔をそろえており参考となるはずだ。以下、馬琴がここに提示した六つの伝説を示す。

第一は、「平親王《へいしんのう》と称せし事」との説を紹介し、これを馬琴は、「野人の臆断見識卑し、これ疑ふべき一つなり」と論断する。

第二は、将門に七人の影武者がいたという話を紹介し、真の将門を見出すにあたり、藤原秀郷が美女をつかわし、彼女から「蟀谷《こめかみ》」が動く人物こそが将門だと知らされ、将門を討ったという話だ。

第三は、将門にはもともと謀叛のこころがあり、以前からこれを知っていた秀郷は都にいたころ、将門を討とうとしたが果たせなかったこと。そして将門が都にいたおり、純友と比叡山に来会し「逆意を相語ひし」との話である。

そして第四は、秀郷が将門の武勇を聞き協力すべく下総に赴き対面したところ、装束も整えず出迎えた将門の姿をみて、その器に非ずとし、平貞盛と協力して将門に敵対したとの話だ。

第五は、平公連《たいらのきみつら》が将門を諫めようとしたが、かなわず死んだとの伝説である。

第六は、征東将軍となった藤原忠文《ただぶみ》が、将門追討の恩賞にもれたためにそれを憤り、握りしめた指の爪を手の甲につらぬき死んだ。このため悪霊となった忠文は宇治の橋姫とともに、災異をもたらしたとの話である。

以上が馬琴の『昔語質屋庫』に紹介されている説話・伝説の類である。馬琴が指摘する六つの伝説は、その多くは中世に原型が出来上がっていた。

さて第一の将門＝「平親王」説だが、秀郷が将門と対面したおりに、「我身を平親王と称する程の人の、手《てず》から敷物を以て出、民にしかせる条、逆なり」と合理的な解説がほどこされている。ともかく「平親王」の表現は中世の軍記物・系図類以来、一般的に流布したようだ。馬琴が指摘するように、あくまで「新皇」とあり、「親王」号は俗説だった。

第二の将門の影武者七人伝説（一説には六人）や蟀谷伝説もまた広く流布しているものだろう。田原藤太の田原を俵と表記するのも、鉄人とされた将門の唯一の弱点が蟀谷であり、秀郷がここに矢を射たところから、コメカミ→コメタワラとイメージ化されたからだろう。右の伝説の原型は『太平記』そして御伽草子の『俵藤太物語』、さらには古活字本『平治物語』で大々的に脚色されたようだ。秀郷伝説とのからみを考えるうえで参考となろうか。

第三の将門早期謀叛説あるいは純友共謀説だが、前者については、鎌倉中期の『古事談』の「貞盛、将門ノ謀叛ヲ予言シケル事」（巻四ノ三）にふれられており、ここでは貞盛伝説が軸となっている。後者は平安末期の『大鏡』にすでにふれられている。「この純友は、将門同心にかたらひて、おそろしき事くはだてたるものなり。将門は『みかどをうちとりたてまつらん』といひ、純友は『関白にならん』と、おなじく心をあはせて……」（巻四、内大臣道隆）とあり、将門・純友のルーツ＝天皇・摂関へと言及され、興味深い。

第四の将門＝軽骨《きょうこつ》人物説ともいうべき伝説だが、これは鎌倉期にはほぼ流布していたらしい。『吾妻鏡』にも登場する有名な話だ。将門の門客になるため、陣に赴いた秀郷に対して「喜悦の余りに、梳《くしけず》るところの髪を肆《ゆ》はず、すなはち烏帽子に引き入れて、これに謁す」(治承四年九月十九日条)。この将門の態度から「軽骨」と断じ、誅罰の決意をしたというものである。同趣旨の話は『平家物語』『源平盛衰記』にも語られており、これまた秀郷伝説の広がりと関係するようだ。

第五の公連による諫言云々の話は、馬琴が論破するように、公連自身は将門の敵人の一人であり、『将門記』に新皇となった将門を舎弟将平《まさひら》とともに諫めた伊和員経《いわのかずつね》あたりに、仮託しての伝説なのかもしれない。

最後に第六の藤原忠文怨霊伝説である。征東将軍忠文については、将門の追討には間に合わなかったために恩賞問題がからみ、種々の伝説が生まれた。忠文の憤死伝説は『大鏡』の左衛門督《さえもんのかみ》藤原誠信《しげのぶ》の話の混入があり、これに宇治の橋姫伝説が重なったもので、将門伝説としては副次的な内容だろう。

以上、馬琴の『昔語質屋庫』に示されている六つの伝説を参考に、その源流について指摘した。この他にも冥界伝説や調伏伝説、さらには妙見《みようけん》伝説など取り上げるべきものもあろうが、その詳細については、関係書物に譲りたい。

「新皇」と「日本将軍」

将門についての外堀を、もう少しうめておきたい。英雄像に関してである。たしかに将門には、英雄イメージが付着している。将門の伝説が乱の影響から東国に濃く伝わったことは疑いないようだ。例えば『玉葉』の記事である。「彼の義朝の子大略謀叛を企てる歟、あたかも将門の如し」（治承四年九月三日条）とみえている。王朝貴族の代表九条兼実《くじようかねざね》はかく述べている。王朝側からは二百年後のこの時点でも、将門は頼朝に対置されるほどに歴史の記憶に刻まれた謀叛人だった。むろんこれは伝説云々というよりも、将門という人物のインパクトの大きさだろう。後世の貴族層にとって将門のイメージは、いぜん〝負〟の要素で彩られている。

ところで、この記事で注目されるのは、将門を頼朝と対比していることだろう。『玉葉』の意識では、この時点の頼朝はたかだか「義朝の子」でしかなかった。文脈上からは、頼朝も将門と同じく、東国での反逆者でしかなかった。

歴史の皮肉は、この時点で兼実が反逆者とみたてた頼朝を、十年後には、兼実自身が武家の首長として京都に迎えることだ（『玉葉』建久元年十一月九日条）。この点は別にしても、頼朝が樹立した武家の幕府は、その正統性を歴史に対して問うた。将門はここに至って、復権がはかられる。将門はこの段階で、東国の武家の正統性の〝保証人〟となったのである。鎌倉の幕府は武家の自覚を、東国坂東という地域で発電しつづけるが、その電源盤の一つに将門は組みこまれることになる。少し比喩的な表現を多用したようだが、より簡略にいえば中世の武家は、反逆者と評されていた将門を、武家の元祖と位置づけることで、その正統性をわがものとしたことだろう。

伝説には本質として、事実のレベルを超えた一種の神話的要素が付随する場合が多い。将門が、武家政権の樹立後に東国の象徴とかつがれるのも、この点と無関係ではない。中世は多量の将門伝説を誕生させた。

ところで、頼朝との対比でいえば、将門の方がより伝説的だ。同じく東国坂東を舞台としながらも、同じ武の世界に属しつつも、将門が上まわっているようだ。それでは、具体的にこの将門を英雄に仕立てるのは、中世のいつごろからなのか。例えば、将門＝「日本《ひのもと》将軍」論がそれである。

室町期の文正二年（一四六七）の史料だが、将門の後裔とされる奥州の相馬家には、「日本将軍平親王より以来千葉之御先祖」（史料纂集古文書編『相馬文書』一三四）という意識が濃厚に語られている。ここには「日本将軍」を付与されたとする将門の復権が、暗示されているとみてよい。その源流は『源平闘諍録《げんぺいとうじょうろく》』あたりとされる。同書は鎌倉末期の十四世紀初頭に成立したもので、坂東で生まれたもう一つの『平家物語』としての性格も強い。そこには千葉氏の妙見《みょうけん》説話を軸とした合戦談も豊富だ。

「日本将軍と号するは、千葉介常胤《つねたね》の次男、相馬次郎師常《もろつね》とはこれなり」（巻五）との記載がそれだ。奥州相馬家の祖ともいうべき師常は、将門の血脈を自任するなかで、「日本将軍」の意識を醸成させたのだろう。ここには、反逆者としてのイメージはもはやない。反逆者から英雄への転身の図式は、「将軍」という名において、国家による〝日本国守護権〟が与えられているとの理解につながる見方だろう。

ここに述べた〝守護権〟とは簡単にいえば軍事、警察の権をいう。ちなみに「日本将軍」の名は『源平盛衰記』や『曾我物語』のなかで鎌倉殿の頼朝に与えられた肩書だった。その意味では「日本将軍」のルーツを将門にまでさかのぼらせる歴史意識が、この時期に登場していることは注目される。少なくとも室町時代には、将門＝「日本将軍」の図式を違和感なく受け入れる歴史意識の成熟があったのだろう。明らかに「新皇」的将門という反逆者的実像は、「将軍」的将門という順法者的虚像へと変換されている。

この「新皇」と「将軍」が意味する内容は相当に異なる。前者は天皇とならぶ、日本国の首長という意味が強い。当然ながら坂東の自立をめざした将門は、「新皇」を称した。後者の「将軍」は、天皇の王権の一部（軍事権）を合法的に分与されたという意味で、順法的存在と解釈できる。その意味では「新皇」的将門像と、「将軍」的将門像にこめられた国家構想は相容れないものだった。中世には虚像としての後者が浸透した。独立・分立型の「新皇」観は、将門の実像に近いし、非独立型の「将軍」観は虚像のそれだろう。

武家政権の創始者頼朝は、最終的には後者の方向を選択することで、天皇や院から容認される。征夷大将軍の名において軍事権門（日本国守護権）を委任される途を選んだ。とすれば、前述した中世の「将軍」的将門像には頼朝が投影されており、東国坂東の自立主義と決別した頼朝的中世そのものといえよう。坂東の覇者将門の「武」は、中世をへて頼朝に感染し、そしてのりうつったようだ。

以上、「将門伝説の感染力」というテーマで、将門像がどのように変容されたかを考えた。時代的にはやや先走りすぎたが、多様な将門伝説の根源にかかわる問題を掘り起こしたつもりだ。

『源平闘諍録』のなかの将門

『将門記』の将門像からすれば、中世そして近世のそれは肥大化された伝説ということになる。しかし、忘れてはなるまい。『将門記』もまた信頼できる伝説にすぎないということを。ここでは、将門像の加工のされ方について考えてみたい。

すでに指摘した「日本将軍」伝説も、中世がはぐくんだものだろうし、「平親王」伝説もしかりだろう。さらには『俵藤太物語』や『古事談』が語る将門像の対極には、これを追討した藤原秀郷や平貞盛がいた。その意味では、伝説は勝者によりたえず創造され、作り替えられる側面も有していた。『吾妻鏡』に見える将門＝軽骨人物観も同様だろう。ここには秀郷流藤原氏による祖先の武勲譚としての加工がほどこされている。ちなみにこの『吾妻鏡』の将門像は、前後の文脈から、上総介広常《ひろつね》の遅参を頼朝が責める、有名な場面での一部として語られている。

さて、その千葉氏も将門像を加工するのに大きな役割を演じた。その〝演じ方〟は巧みだった。千葉一族の武勲物語ともいうべき『源平闘諍録《げんぺいとうじようろく》』は、〝演じ方〟を考えるうえで参考となるはずだ。将門伝説の〝延び方〟を考える好例だろう。

おそくとも建武四年（一三三七）には成立したと伝えられる同書には、妙見菩薩、将門そして千葉氏の祖平良文《よしぶみ》の三者のかかわりが語られている。『将門記』的将門像の変形のされ方を知る材料となりそうだ。

まず、一つは千葉氏の祖良文（村岡五郎）と将門との関係である。『源平闘諍録』では、良文を高望王《たかもちおう》の十二人目の末子と設定、「将門がためには伯父たりと雖も、養子となりて其の芸威を伝ふ」と語っている。注目されるのは、千葉氏が自己の祖良文を将門の養子と設定することで、将門の後裔であるとの意識を打ち出している点だろう。さらには「其の芸威を伝ふ」とある表現だ。ここでの「芸威」とは、『将門記』が語る「兵威を振《ふる》ひて天下を取る」との「兵威」と同義語だろう。つまりは武芸を意味したわけで、武士たちの元祖として武威を体現する人物の象徴として、「芸威」の語感は重要だろう。

二つには、千葉氏と妙見信仰との関係だ。『源平闘諍録』には、将門の「芸威」を伝えた良文は、同時に妙見大菩薩を家に招き寄せたことになっている。それは「将門、八ケ国を随へて、いよいよ凶悪の心かまへ、神慮にもはばからず、帝威にも恐れず」のゆえに、「妙見大菩薩は将門の家を出でて良文のもとへ渡りたまふ」ということだった。その妙見大菩薩が将門のもとに来臨した由来についても、次のように説明する。「少さき童」がおとずれ、矢種が尽きかけた将門に助勢し、代わりに矢を射かけ敗退させた。そこで「天の御計らひ」と感じた将門は、その童の名を問うたところ「吾はこれ、妙見大菩薩なり」と答え、「汝は性直《なお》く武剛なるがゆゑに、われ汝を護らんがために来臨する所なり」と、語ったという。

この説話で注目されるのは、やはり妙見大菩薩の迎え方だろう。「上野の花園といふ寺にあり、汝もし志しあらば、速やかにわれを迎へ取るべし」とある部分だ。ここには明らかに、『将門記』が上野国府において、「新皇」の称を八幡神の託宣で授けられた状況が反映されていよう。

そして三つめは、将門の王城にかかわる記述だ。「将門、妙見の御利生を蒙り、五ケ年の間に東八ケ国を打ち随へて、下総国は相馬の郡に京を立てて、将門の親王と号さる」と。ここには相馬郡＝将門王城説が語られている。将門の後裔にあたる千葉氏にとって、自己の所領相馬郡と将門の王城を合致させたことは当然だった。むろん『将門記』にも王城と相馬郡とのかかわりは記されている。都との境界大津に比すべき、類似の地名大井津の所在郡名として登場している。千葉氏はその相馬を、将門の故地としてクローズアップさせた。伝説の延び方という点では『将門記』のわずかな部分が、拡大された好例だろう。

最後にその四つとして、将門に降臨した妙見大菩薩の行方についてである。『源平闘諍

国芳の描く相馬の古内裏（坂東市所蔵）

録』は、これを「良文より忠頼に渡り、嫡々相ひ伝へて、常胤に至までは七代なり」と語る。当然ながら妙見の霊威は、将門から千葉常胤まで連綿とつづいており、常胤の頼朝への参陣も、この妙見の力によるとする。おもしろいのは、そのおりの頼朝と常胤との会話だ。

頼朝　そのように目出たい妙見菩薩ならば、私のもとに御来臨いただき、助勢していただきたいものだ。どのようにすれば、妙見様は御渡り願えるであろうか……。

常胤　誠に残念ながら妙見大菩薩は、他の仏神と異なり、天照大神の三種の神器と同じく、国王と同居し御門《みかど》をお守り申し上げております。妙見もまた将門より以来、わが家に相伝わったもので、いまだ他家に移し奉ったことはございません。たとえ一族であっても、妙見の本体を移すことはかないません。まして他筋においては、なおさらかと存じます。ともかくも、常胤が君（頼朝）の御味方として参向したからには、妙見大菩薩の御渡りと思われ、ご安心下さるように。

『源平闘諍録』関係部分を、私流に意訳すれば、こんなところになろうか。常胤の面目躍如の場面だ。

以上が伝説の創造者千葉氏による将門像だ。いかがであろうか。将門伝説の枝葉の延び方という点では、露骨ではあるが、巧みな〝接ぎ木〟を確認できるだろう。

「兵威」のゆくえ

最後に将門の乱の意義について、ふれておく。「兵威を振《ふる》ひて天下を取る」との表現からもわかるように、『将門記』は将門の自己主張を「兵威」に見出した。『源平闘諍録』はこれを「芸威」と表現した。この点は前にふれた。その『源平闘諍録』には、妙見の威力が将門から離れる理由を、「神慮にもはばからず、帝威にも恐れず」とか、「万事の政務を曲げて行ひ、神慮をも恐れず、朝威にも憚らず」と指摘する。「帝威」なり「朝威」は、前出の「兵威」「芸威」と対比されるべき観念ということができそうだ。総じていえば、前者を王威と表現すれば、後者は武力を光源とした武威ということになる。

将門はこの武威を前面に出すことで、坂東に自立の夢を実現しようとした。「新皇」の登場は、〝点〟としての武威のエネルギーを、〝面〟へと拡大するための意識だった。この「新皇」はむろん律令的王威とは同一ではない。この「新皇」は武力を自らのうちに携えることで、認知されるものだった。律令的な王威の天皇とは一線を画する。その意味では、将門が登場した十世紀は、王威にかわりささやかながら武威が点滅しはじめた時代だった。

坂東の九世紀から十世紀は、群党蜂起の頻発するなかで武への比重が高まっていた。こうした状況のなかで、王威の低下はまぬがれなかった。平安後期の国家は一般に王朝国家とよばれている。その王朝国家の原理は一言で表現すれば、〝請負い〟というキーワードが妥当だ。平安中期は、この請負い化が種々の場ですすんだ。軍事・武力面でも同様だった。統一的軍制の解体後、治安維持のために、武の請負い化が登場する。武芸を業（職能）とする兵《つわもの》・武者の登場がそれである。「将門、天の与へたるところは、既に武芸あり」と記す『将門記』の将門像は、武を業とした兵に他ならなかった。

芳幾画『百鬼夜行相馬内裏』（坂東市所蔵）

この時代には、律令原理が有した集権的王威は明らかに終焉《しゅうえん》の時期をむかえよ

うとしていた。そして現実の紛争を具体的な武力で解決する兵・武者の登場が要請されていた。武力の請負い化という状況も、これに対応する。将門が担った「武力」とは、こうした点をふまえ理解されねばなるまい。

しかし将門による坂東の反乱は、時代に武威のエネルギーを注入しかけただけで終わった。時代がこの武威を全面的に受け入れるには、坂東はいまだ未成熟だった。将門が描いた坂東の夢が現実となるのは、頼朝の幕府を待たねばならなかった。あと二世紀余の時間を必要とした。その時間は、坂東にまかれた将門的な〝武の種子〟が、少しずつ根を張り、開花する期間だった。その意味で『源平闘諍録』的な世界は、まさしく坂東の地に開花した武威の帰着の仕方の一つということだろう。武威の同根に開花した異なる花ということになる。武威のゆくえはさまざまだった。安全な武威とは、「平親王」なり「日本将軍」という形で、王権（天皇）の一分肢として軍事権門化することだった。中世の現実は、頼朝によりこの安全なる武威を選択した。頼朝に協力した常胤もそれを受け入れた。

そしてもう一つの危険な武威もあった。将門が「新皇」として本質的に有した独立国家構想である。こちらは最終的には封印された。一時的だが、この夢が現実味を帯びたことがあった。同じ千葉氏ながら、常胤とはライバルの関係にあった上総一族の広常《ひろつね》の意識がそれだった。上総介広常の独立国家構想は、この危険な武威の延長に位置するものだった。『愚管《ぐかん》抄《しょう》』によれば、頼朝はこの危険な芽をあらかじめ察知し摘み取ったとする。武闘路線から協調路線への頼朝自身による現実的転換だった。中世はその現実を将門伝説にも反映させた。先述した『相馬文書』に語る将門の「平親王」表現は、あくまで王権の中枢にあって、その血脈的世界でのみ有効だったからだ。それゆえに中世社会が将門に与えた伝説の形式は、こうした中世の将門＝「親王」観が温存されている。

ちなみに、江戸時代は、神田明神の隆盛が語るように、将門伝説が武威の象徴として市民権を確立した。余談ついでにいえば、鎌倉に葛原岡《くずはらがおか》という地名がある。源氏山公園の一画にあり、南朝の忠臣日野《ひの》俊基《としもと》の供養塔がある場所である。『太平記』にも、この葛原岡の地名が見えている。そのルーツは、どうやら将門の祖葛原親王にさかのぼるようだ。中世の武家の都鎌倉は、単に源氏の拠点であったとの意識以上に、将門とその祖をふくむ武のルーツを鎌倉にも創造したようだ。源平云々を超えて、武の光源（精神的支柱）として、将門伝説が意味を持った。中世の将門像は、その点で武家の時代近世にあっても、影響力は巨大だった。

第三章　田村麻呂と頼光　武威の来歴

国定教科書のなかの田村麻呂

生れつき武勇にして、しかもなさけ深く、怒る時は猛獣も恐れてにげ、笑ふ時は稚児もなつきてはひよりたりといふ

大正九年（一九二〇）発行の国定第三期『尋常小学国史』（『日本教科書大系』所収）は、田村麻呂の人となりを右のように記している。その武功談として「太平洋にのぞめる地方の蝦夷は、なほしばしばそむきて人民を害せしかば、桓武天皇は又坂上田村麻呂を征夷大将軍として、之《これ》を討たしめたまへり」との記述ものせている。

現在の教科書とのちがいは明白だろう。右の国定期の教科書と比べた場合、いまの教科書には人物の性格描写への言及はほとんどない。むろんないことは健全すぎるほどだが、それと同時に蝦夷に対する叙述の仕方も、大幅に変化しているようだ。いうまでもなく「人民を害する」がゆえに征伐するとの、いわゆる征伐史観については影をひそめている。

ところで、冒頭引用した田村麻呂についての記述ぶりの根拠はどこにあるのか。『田邑麻《たむらま》

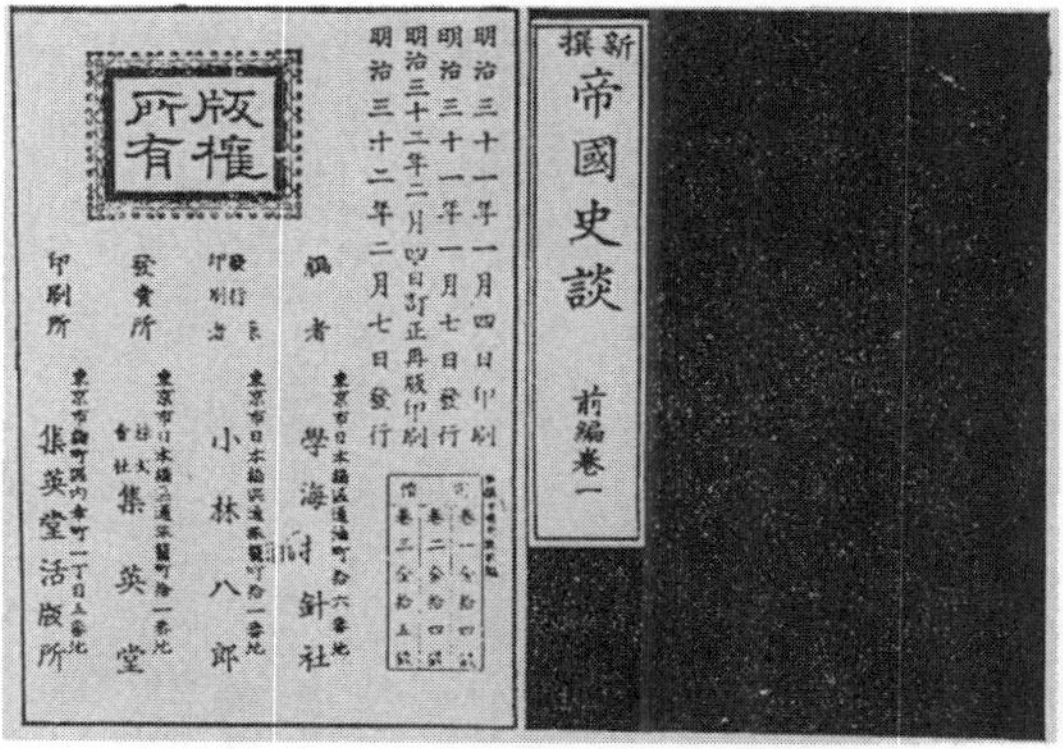

『新撰帝国史談』の表紙と奥付（謙堂文庫所蔵）

呂《ろ》伝記《でんき》』（『群書類従』伝部）にのせる、「怒而廻眼、猛獣忽斃、咲而舒眉、稚子早懐」とある部分がそれに当たるようだ。これは平安期に流行する良吏伝の一つであり、人物描写の作為性を問題とすれば、田村麻呂のイメージもいささか慎重にならざるを得ない。この点で戦後の教科書はそれなりの配慮がはたらいているようだ。

「国定教科書」を目の敵とする論者には意外と思われるかもしれないが、史実に対する距離という点では、明治三十七年（一九〇四）以後の七期におよぶ国定教科書にあっても、こと田村麻呂の件に関する限り、大々的に伝説を付加したような叙述は少ないようだ。前述したように今日的論点からは、過度な人物像の提供なり露骨な征伐史観などはあるにしても、である。

それでは国定以前の教科書の場合はどうなの

か。例えば検定制度下の明治三十一年（一八九八）発行の『新撰帝国史談』（学海指針社）を見てみよう。

其後、蝦夷またまた叛きて、陸奥・出羽の両国に蔓《はびこ》り、駿河の清見が関まで、攻め上りしかば、此度は、田村麿を征夷大将軍として、厳しく征伐せしめ給ふ。田村麿、兵を率ゐて、都をうち立ちけるに、賊ども此由を聞きて、先度の勇武にや怖れけん、戦はずして逃げ去りしかば、之を追ひて、陸奥の国に至り、神楽《かぐら》が岡といふ所に戦ひて、大に賊を打破り、其頭領を誅し、余賊《よぞく》を渡島《わたりじま》に逐ひ退け、胆沢《いさわ》の城を築きて、賊に備へければ、蝦夷これより平ぎて、また大乱を起すことなかりき

いささか引用が長くなったが、これにつづき田村麻呂の人格や風貌、そして天皇への忠誠心、さらには将軍塚の話などが紹介されている。当面注目したいのは、右に引用した部分の史実性についてである。ここには蝦夷が駿河の清見が関まで攻め上ったが、田村麻呂の勢威に恐れをなして引き返したとある。この類の記述は明治三十三年の『小学国史』でも認められるので、国定段階以前には流布していた表現ということになろうか。ただし史実のレベルでは、少なくとも文献上では清見が関云々の記事は確認できない。

以上、国定期と検定期の両者を比べた場合、伝説の混入ということでいえば、国定教科書

はおもうほどにウソはないようだ。むろん個々の史実云々よりも、史観への傾斜が深いという点では話は別だが、このことを議論する余裕はない。ともかく田村麻呂記述は、国定以前の教科書にあっては、伝説と史実の混用が多くみとめられる事情は疑いない。この点を確認したうえで、こうした伝説の源流をさぐってみよう。

『田村の草子』の世界

まずは「おとぎ話」の世界に潜り込むことから始めよう。『田村の草子』——坂上田村麻呂の東征譚をモチーフにしたものだが、そこには鎮守府将軍として知られる藤原利仁の伝説も加わり、複雑なストーリーとなっている。大きくいえばこの作品は二つの内容から構成されている。

一つは「日りう丸」と称した田村俊仁《としひと》が、近江国の「みなれ川」にいる大蛇二匹を退治し、天皇から将軍の宣旨を与えられ、やがて陸奥の「あくるわう」（悪路王）を退治、さらに唐土に渡り敗北するまでの話。そしてもう一つはこの俊仁将軍の子「ふせり殿」、すなわち田村丸（俊宗《としむね》）が伊勢の鈴鹿山にいた鬼神「おほだけ丸」を、鈴鹿御前なる天女とともに退治する。その後近江の、人々をさらう「あくじのたか丸」なる鬼を、陸奥の「そとのはま」（外ヶ浜）まで追撃するというストーリーである。

骨格は以上だが若干の肉付けをすれば、前者の俊仁については、その異様な出生譚が注目される。父の俊祐《としすけ》将軍が天女の化身（じつは大蛇）に恋をして、誕生したとされる（これは『平家物語』の鎮西の英雄、緒方惟義《おがたこれよし》の伝説にも通じるようだ）。俊仁の異常な力の源泉は竜神（大蛇）の委譲によるという。三歳で父と死別した俊仁は、やがて七歳の年に御門《みかど》から「大事のせんじ」を与えられ、先述のごとく近江の「みなれ川」で大蛇二匹を退治（この大蛇は俊仁の伯父たちの化身）、凱旋し将軍の宣旨を受ける。そして堀河中納言の「てる日の御前」を見そめた俊仁は、天皇の嫉妬心から遠流に処せられるが、近江の勢多《せた》橋で荒れくるう大蛇を再度追捕した功績により、姫との比翼の契《ちぎ》りを許される。

やがて陸奥国の「あくる王」にかどわかされた姫を救出すべく、俊仁は鞍馬山にこもり、神通力を得て陸奥へと下向、多聞天《たもんてん》（毘沙門天《びしゃもんてん》）の力を得て勝利する。その後、田村俊仁は異国の「もろこし」（唐土）を征服しようと、五十五歳のおりに出征するが、唐土側が毘沙門天と約諾した不動明王の助力を得たことにより敗北させられた。いずれにしても、俊仁の活躍を描く前半部分が近江↓陸奥（外ヶ浜）↓唐土という流れで語られている点を確認できるだろう。

それでは後者の場合はどうか。「ふせり殿」すなわち田村丸俊宗《としむね》は、父の俊仁が陸奥下向のおりに当地の娘との間に生まれ、伊奈瀬《いなせ》五郎坂上俊宗と称した。彼は伊勢の鈴鹿山の大竹（嶽）丸という鬼神を追討しようとした。宝剣を持った大竹丸は手強《てごわ》く、これを打開するためには鈴鹿御前という美女の協力が不可欠と知らされ、彼は御前と契りを結び、同じく御前に想いを寄せる大竹丸をあざむき、所持の霊剣を盗み出すことに成功する。前述したように近江の「たか丸」を追撃し、やがて鈴鹿御前の協力で陸奥外ヶ浜にこれを退治した。鈴鹿御前の死後、悲嘆のあまり彼女のいる冥界へと赴き、ついには閻魔王の許可を得て再生するというものだ。琵琶湖の竹生島《ちくぶ》の弁財天はこの御前の化身とされる。ここに示されているストーリーからは、この俊宗の活躍の場は鈴鹿↓陸奥↓冥界という筋立で整理できる。

右に示した大筋について『広益俗説弁』などは、その荒唐性のゆえに信用ならずとしており、坂上田村麻呂の蝦夷征討戦や、藤原利仁の新羅《しらぎ》攻略戦が混用されているとの指摘もみえる。近世江戸期の学問への良心のほどが確かめられる。この点は後述するとして、まずは留意すべき論点について整理しておく。

第一は、俊仁・俊宗が鬼神と出会う近江・鈴鹿という二つの場である。この地域には古代以来、関が設けられ、東国との境界をなしていた。多くの読者は近江の大蛇退治の話に『俵藤太物語』のイメージを重ね合わせるに相違ない。その点はともかく、近江・鈴鹿が畿内・都への最重要ルートにあたり、人々の往来や物資の集散の場であったことは、留意すべきだろう。ここは人取り、物取りが跋扈《ばっこ》する。『今昔物語集』に登場する大盗賊袴垂《はかまだれ》もまた、鈴鹿を拠点としていたことを想起すれば充分だろう。

これらの地域は王権が所在する畿内と外国《げこく》の出入口でもある。その意味ではこの両地域が邪気・物怪《もののけ》の侵入路として、一種の魔界的心理作用を人々に与えたことは想像できよう。北天＝毘沙門天《びしやもんてん》を守護神としつつ、これから伝授された神通の剣や鏑矢《かぶらや》を携え、鬼神を退治するという象徴的行為のなかに、われわれは武威の来歴を読みとることが可能だろう。

加えて、ここで注目したいのは陸奥国外ヶ浜《そとはま》についてだろう。蝦夷地との境をなすこの地は、中世を通じ日本国の北端を示す所とされてきた。この点では近江そして伊勢鈴鹿との共通点は、その周縁性を象徴的に語る場であるということだろう。日本国守護のための将軍宣旨を与えられた俊仁なり俊宗なりが、王権の基盤をなす中枢地域＝畿内の周縁で跳梁《ちようりよう》する鬼神を討ち、さらに王権の理念上の延長は、最北端の外ヶ浜における追討行為という構図に、征服や征伐のイメージに見合う武の源流を垣間見ることもできるだろう。さらにいえば、その極めつきが唐土への遠征であり、冥界での戦いだった。

第二はこの話には神仏の加護が多く語られている点である。とりわけ鞍馬の毘沙門天（北方の守護神、別名多聞天《たもんてん》）の霊験譚が多い。わが身にその霊威を引き入れたうえで、宝剣や弓矢という武器が感応し、鬼神を撃退する場面は圧巻だろう。観音なり弁天への信仰という時代固有の問題を考える素材ともなろう。

そして第三は宝剣あるいは神通の弓矢に代表される武器の問題だ。破魔矢《はまや》の例でも理解できるように、魔的な邪神・悪神（鬼）を切除し排するうえで、神仏から付与された霊剣の力が大きくものをいった。「大たうれん」「小たうれん」の剣を大竹丸から盗み出すことで、優位を確立した俊宗が、その霊剣の力で鬼神を打ち破る場面は、やはり興味深い。

以上の論点を通じて、『田村の草子』に貫流するものが、「御門《みかど》」(王権)の守護者としての将軍、この武威の保持者を介することで、王権に危害をもたらす悪神を退散させる、こんな構図だろう。近江・伊勢(鈴鹿)そして陸奥(外ヶ浜)など、この物語に登場する諸地域は、王権とのかかわりをその周縁性において、シンボリックに語る装置として意味を持っていた。

悪路王伝説、あるいは敗者の記憶

『田村の草子』の内容はいささか史実性からは距離がありすぎた。この田村麻呂はその後、どのように語りつがれたのか。ここでは江戸期に至り、田村麻呂伝説として定着した内容を簡略にふりかえっておく。

例の『前々太平記』を見てみよう。ここでは田村麻呂と藤原利仁の両者は完全に分離され、それだけに伝説への脚色が巧妙でもある。「田村麻呂夷賊退治幷任官位之事」(巻之八)では、勅を奉じた田村麻呂は延暦二十年(八〇一)に奥州に発し、「賊長高丸及び悪路王」と駿河の清見関《きよみがせき》あたりで合戦に及ぼうとした。その武勇をおそれ逃げ帰ったかれらを追撃した田村麻呂は、高丸を射殺し、悪路王を生け捕りにした。胆沢《いさわ》の地に八幡宮を建立した田村麻呂は、弓矢を奉納、さらに達谷窟《たつこくのいわや》を鞍馬寺に模して多聞天像を安置したうえで帰京した。翌二十一年、田村麻呂は胆沢城を築くべく再度奥州へと赴き、そのおり降伏した「夷賊の張本大墓公、盤具公、其種類六百余人」を率い帰郷したとあり、かれらは田村麻呂の助命嘆願にもかかわらず河内国杉山で斬られたと指摘されている。

　いかがであろうか。前述の『田村の草子』とは趣を異にするものだろう。稗史《はいし》とよばれようが野史とよばれようが、ここに登場する個々の人物・地名・年代は、いずれもその実在性において、これを疑わせないリアリティーがある。この点でおとぎ話的絵空ごとの世界とは異なるものがある。時空を無視しなければ成立しないおとぎ話との決定的相違ということになる。

　ともかく野史としての『前々太平記』での田村麻呂像の方が、史実性への加工が巧みだ。その限りでは歴史への演出をこころえたうえでの叙述ともいえそうだ。延暦年号がさりげなく登場する、さかしらなサービスを考えるだけでも充分だろう。もっとも延暦二十一年云々に関してはある程度、当時の文献に忠実だともいえる。『日本紀略』には、胆沢城使田村麻呂が大墓公阿弖流為《たものきみあてるい》・盤具公母礼《ばんぐのきみもれ》ら降人五百余人を率いた旨が記されている。ところが延暦二十年の悪路王その他にかかわる記述は『日本紀略』にはなく、中世の『吾妻鏡』および『元亨釈書』あたりが出典らしい。

　まず『吾妻鏡』の文治五年（一一八九）九月二十一日条には、奥州合戦を終了した頼朝が胆沢の八幡宮に立ち寄り、その由来に言及した記事に、田村麻呂が弓矢を奉納した旨が記されている。そして二十八日条には、平泉方の捕虜をともなって鎌倉下向の途上、頼朝が「田《たっ》谷窟《こくのいわや》」の名を問う場面につづき、「是れ田村麻呂・利仁等の将軍、綸命《りんめい》を奉じ夷を征するの時、賊主悪路《あくろ》王並びに赤頭《あかがしら》等塞を構へるの岩屋なり」と見える。さらに「坂上将軍此の窟の前に、九間四面の精舎を建立し、鞍馬寺に模して多聞天像を安置せしめ西光寺と号し、水田を寄付す」との説明が付されている。

田村麻呂と利仁との混用については、例の御伽草子にも明らかだった。両者混用の原点はどうやら『吾妻鏡』の記述ぶりにも一端の責任があった。ともかく悪路王や田谷窟と鞍馬寺・多聞天の関係の記述はここに由来する。ただしそれを延暦二十年のこととすることや、高丸の存在、さらに駿河清見関云々については『吾妻鏡』には見えない。

この点は鎌倉末期の仏教史書『元亨釈書』(「延鎮伝」)には、奥州逆賊の名が「高丸」と記され、「駿河国清見関」まで遠征したが田村麻呂の勢威をおそれ奥州に逃れ、「神楽岡《かぐらがおか》」で射殺された旨が指摘されている。

江戸期における『前々太平記』の描写は、右に見た二つの中世的伝説を混合したものであったことがわかる。当然ながら中世末から近世初期に成立した『田村の草子』の場合、ここに示されていた「あくる王」「たか丸」の表現や、あるいは毘沙門天への信仰の描写には、『吾妻鏡』や『元亨釈書』を軸に拡散させたのだろう。

阿弖流為は『吾妻鏡』で「悪路王」と表現され、〝あくる・あくろ・あくじ〟と種々に読み換えられ、これに『元亨釈書』の高丸が結びつき、「あくじの高丸」の名が誕生したのだろう。それゆえに「悪路王」と「あくじの高丸」の両者は、同一実体のものと解してよさそうだ。

さらにいえば『平家物語』や『太平記』の影響も大きかった。とくに『太平記』には田村将軍伝説や利仁将軍伝説が取り上げられている（巻末〈付録〉参照）。前者についていえば、例えば源家相伝の鬼切の剣の由来を語る部分で、田村麻呂が鈴鹿御前と戦ったおりの剣が鬼切であり、やがて田村麻呂はこれを伊勢神宮に奉納、その後頼光に伝えられたとの一節がある（巻三十二）。ここには田村麻呂と鈴鹿御前との戦いというように、まったく別の説話がのせられている。この『太平記』の場面では、鬼切の剣を介し田村麻呂から頼光への武器継承の伝説が創造されている。いずれにしても御伽草子の世界は、この『太平記』での記述がさらに脚色されたことになる。田村麻呂伝説の原点は中世に登場していたことを確認できよう。

『義経記』もまた伝説の流布には一役も二役もかっていた。そこには田村麻呂が「あくじのたかまろ」を、利仁が「あかがしらの四郎」を討ったことが見えている。世阿弥の謡曲『田村』は、弥生《やよい》半ばの春の頃に京都清水寺を訪れた東国の旅僧が、観音の加護で鈴鹿山の悪魔を平定した田村麻呂の霊と出会う話である。ちなみに、この『田村』では「人皇五十一代、平城《へいぜい》天皇御宇」のこととしている。

鈴鹿山の悪魔云々との関係でいえば、あるいは『賀茂皇太神宮記』に見える薬子《くすこ》の変の記述が基礎になっているのかもしれない。そこには田村麻呂が平城上皇の東国行きを阻止し、鈴鹿山で上皇側の藤原仲成《なかなり》の軍を討滅したとある。『日本後紀』によれば、田村麻呂が嵯峨天皇の命を奉じ、平城上皇方を阻止したことは史実だが、その舞台を鈴鹿云々とするのは伝説にすぎない。いずれにしても、陸奥以外に鈴鹿の地が登場するのは、田村麻呂の晩年に起きた薬子の変へのかかわりが大きい。

さらに諏訪神社の縁起を記した『諏訪大明神絵詞《すわだいみようじんえことば》』（『新編信濃史料叢書』所収）には、田村麻呂が遠征途上、諏訪社に祈願し「安倍高丸」を達谷窟《たつこくのいわや》に討ったとの話を伝えている。観音や毘沙門天の加護さらには諏訪明神への祈願など、神仏による霊験譚という形で登場するものもある。

「安日王」のはなし

ところで、その『諏訪大明神絵詞』に記されている話も興味深い。十四世紀後半の成立とされるこの書物には、津軽の勇族安藤（東）氏の来歴を語った一節が示され、ここにも高丸が登場する。「武家、その（蝦夷）濫吹《らんすい》を鎮護せんために、安藤太《あんどうた》と云物《いうもの》を蝦夷の管領《かんれい》とす、此は上古に安倍氏悪事の高丸と云ける勇士の後胤《こういん》なり」と見えるのがそれだ。安倍氏はこの高丸の子孫だという。

よく知られているように安藤氏は鎌倉時代に「東夷《とうい》ノ堅《かた》メ」とされ、蝦夷《えぞ》管領《かんれい》を委任されていた(『保暦間記《ほうりやくかんき》』)。その安藤氏は陸奥国の俘囚長《ふしゆう》として知られる安倍氏の系譜をひく。つまりは安倍・安藤のルーツは高丸だという。

ここで想起されるのが『曾我物語』の次の一節だろう。「その後、神代七千年の間絶えて、安日といふ鬼王世に出でて、本朝を治むること七千年なり」との神話的世界を記し、神武天皇の時代にこの鬼王の安日と戦い、霊剣を天より授かることで、「安日が悪逆」を鎮めたこと、その子孫は「東国外の浜」に追放され、「醜蛮《えぞ》」(蝦夷)と呼ばれたことなどが語られている。この記事は高丸の話とは別に、「えぞ」に対する中世人の認識を考えるうえで、多くの示唆を与えてくれる。

ともかく古代に田村麻呂と戦った阿弖流為は、たしかに敗者とはなった。が、注目されるのは、伝説の中世的世界では「悪路王」あるいは「悪事の高丸」として再生、復活を果たしているという点だろう。その復活の過程で「安日」と同体化し、中世の安倍・安藤氏の祖とさえ認識されるまでに成長した。それは場合によっては、敗れし者阿弖流為の残影かもしれないし、あるいはまた前九年合戦での敗者安倍氏の余映だったのかもしれない。そのことはよい。問題はこうした敗者が伝説として復活しながら、他方では安藤氏のように、その敗者を己の祖と仰ぐ自負を持った存在が登場していることだろう。

このことは例えば、近世の松前藩の創世神話ともいうべき『新羅之記録《しんらのきろく》』(松前景広《まつまえかげひろ》の編になるもので、名前の由来は、後三年合戦のおり兄源義家を援助したとされる義光が、新羅明神の社前で元服したので新羅三郎と称された。松前氏は、この義光を祖とする武田氏の出身であったことから、その新羅を書名とした）をひもといても、了解されよう。そこには右に紹介した『曾我物語』と同趣旨の話が載せられているが、大和伊駒《いこま》山に降り立った「安日長髄《ながすね》」が神武天皇と国争いをして、敗北後に「醜蛮」と改名させられ、「津軽外之浜」に配流となり、その子孫が津軽を押領し「十三之湊」を領し繁昌している旨が指摘されている。

王権との関係でいえば、追放・配流された安日の子孫の安藤氏の押領していた津軽を、奪い返したのが松前氏という構図である。そこでは王権にまつろわぬ「えぞ」と不浄の異域、流刑の地としての蝦夷地が合体し、固着したイメージの形成につながったのだろう。

だがしかし、そのイメージはやはり近世のものだろう。安藤氏の例が語るように、中世の世界では場合によっては地域により分権化に向かい、独自の権力を構成する状況にあったのではないか。中世安藤氏の世界「安日王」をいただくのは、分権化にともなう地域権力創出のための神話を、自己の手中ではぐくむためではなかったか。

伝説は伝説をよぶ、鈴鹿御前の正体

それでは田村麻呂伝説の原風景を、中世に立ち返り考えておこう。伝説の形成のうえで大きな足跡は、すでに『陸奥話記《むつわき》』に登場している。前九年合戦を主題とした『陸奥話記』には、蝦夷征服の立役者として「坂面伝母礼麻呂」なる人物が登場する。古代の名将たる彼

は、北方守護の毘沙門天の化身とされたとある。
「降《ごう》を請《こ》ひて」と関係箇所を読むことで、「坂面伝母礼麻呂」＝蝦夷人説を提唱したのは喜《き》田《た》貞吉《さだきち》だった（『歴史地理』二十一〜二十四、大正二年）。『陸奥話記』で源頼義の武略を賞揚した場面に関連し、その名が見えている。「降を請《う》け」と読み、自然に解釈すれば、田村麻呂その人ということになる。いずれにしても『陸奥話記』は源氏の奥州との脈絡を考えるうえで、武威の来歴を語るキーポイントだろう。源頼義・義家はこの田村麻呂の征夷政策という歴史的因縁のうえで、前九年合戦を展開、これを頼朝は奥州合戦へとつなげるのである。後にも述べるように、頼朝は父祖の頼義・義家が利用した田村麻呂伝説を、さらに奥州制圧のために再利用する。こんな事情も看取できる。

話はかわるが、田村麻呂伝説には多く鈴鹿の地が登場する。『太平記』のように鈴鹿御前が敵人となる場合もあるし、『田村の草子』のように味方として登場する場合もあった。畿内へのルートに位置したこの場所は、すでに指摘したように古くから群盗・山賊の出没する所として有名だった（昌泰元年〈八九八〉「伊勢《いせ》公卿勅使雑例《くぎょうちょくしぞうれい》」）。また延喜六年（九〇六）には群盗十六人が謀殺されたとの記録（『日本紀略』）もあり、鈴鹿山は山賊の跳梁する場であった。『古今著聞集《ここんちょもんじゅう》』（巻十二）には「昔こそ鈴鹿山の女盗人とて言ひ伝へたる」とあり、女盗賊の話が見えるが、盗賊として有名なのが立烏帽子なる人物だろう。

中世の説話集『宝物集《ほうぶつしゅう》』に「ススカ山ノタチエホウシナト申物侍ケリ」と描かれたこの人

物は、『保元物語』（中巻）にも「鈴鹿山の立烏帽子搦取て帝王の見参に入たりし山田の庄司行秀」との表現が見えており、立烏帽子は山田庄司に討たれたとある。ともかくも霊剣鬼丸を手に、田村麻呂が鈴鹿御前と戦ったとの話を載せる『太平記』の世界は、どうやらそれまでの群盗伝説を田村麻呂にひきよせた説話だったといえよう。これが謡曲の『田村』や御伽草子の場面に継承されたものと理解される。

藤原利仁について

これまで混乱をさけるために利仁についての記述をさけてきた。田村麻呂と利仁の両者は『吾妻鏡』の記述でも明白なように、悪路王あるいは赤頭追放の立役者として不離の関係にあった。これが最終的には『田村の草子』の世界に反映された。その点では、この御伽草子には田村麻呂伝説と利仁伝説が同居した形で取り入れられている。このことを確認したうえで、われわれは利仁その人について、史実の公約数を確かめることから始めよう。

履歴書風に記せば、生没年不詳、藤原氏魚名《うおな》流、父は鎮守府将軍藤原時長《ときなが》。上野介《こうずけのすけ》、上総介《かずさのすけ》をへて、延喜十五年（九一五）鎮守府将軍従四位下、左将監（『尊卑分脈』）、ということになる。ヒーローの系譜からすれば、利仁は田村麻呂とともに平安武者の原点に位置していた。ともかく実像に比し、虚像の独り歩きの度合いが大きい。われわれが知る利仁像の多くは、その虚像の部分だろう。右に指摘した官歴以外は、たしかに大半が説話なり伝説の類で占められている。

多くの読者は芥川龍之介の『芋粥《いもがゆ》』の話を通して、利仁将軍を知っているかもしれない。『今昔物語集』（巻二十六）が原話だが、そこでは越前の名士としての富豪ぶりが描写されている。武勇伝にかかわる逸話も多い。「心猛クシテ、其ノ道（武勇）ニ達セル者ニテ」とは利仁の新羅《しらぎ》征伐を語る『今昔物語集』（巻十四）での表現だ。『打聞集《うちぎきしゅう》』や『古事談《こじだん》』にも同話があり、利仁の新羅征討談はかなり広がっていた。

彼は文徳《もんとく》天皇の時代に、鎮守府将軍として新羅征討を命ぜられる。事前にこれを察知した新羅側は法全阿《ほうぜんあ》闍梨《じゃり》という「止事無《やんごとな》キ聖人《しょうにん》」に調伏を依頼し、これがために利仁は遠征の途上に頓死する。例の『田村の草子』で俊仁将軍が唐土の征伐にむかう話の骨格は、どうやらここにあるらしい。加えて御伽草子の世界では、鞍馬寺の毘沙門天の加護云々が見えるが、これも室町期の成立とされる『鞍馬寺縁起』との関連が確認できる。参考までに読み下し文を付しておこう。

利仁鎮守府将軍たり、ここに下野《しもつけ》国高麗《こま》国（高蔵山《たかくら》とも記す）の群盗、蟻《あり》のごとくに集まりて、千人党を結べり。……国の蠱害《こがい》ただ以てこれにあり。これによって公家忽《たちま》ち其の人を撰ばる。天下の推す所はひとえに利仁にあり。異類を討伐すべき由糸綸《しりん》（天皇の命令）をこうむる。……当山（鞍馬寺）に参籠し、立願祈請するところなり。すなわち示現《じげん》ありて、鞭《むち》を揚げて首途し、下野国高蔵山麓に至着す……利仁勝ちに乗じ逃げるを逐う。一人当千し遂に凶徒を斬りて、馘《きりみみ》万ばかりを献ず。これを以て天下を振い武略、海内にかまびすし。

鞍馬寺に参籠し、霊威の示現を得た利仁はその力で群盗を制圧したという。下野国での話となっているが、ここには高麗なり高蔵なりの地名が見える。文脈上は高蔵山の方が妥当のようだが、かりに高麗山だとしても、高麗国の群盗との理解でさほど支障とはならない。一般には新羅も唐土も高麗も、伝説的世界で異域・異類の地として認識されていた。その限りでは蝦夷や俘囚も同様だろう。

利仁が鎮守府将軍となった十世紀初頭は、まさにこの下野をふくめた坂東は群盗・野盗がはびこる地だった。こうした点をふまえれば、王化に服さない坂東の群盗は、征伐すべき対象ということになる。『鞍馬寺縁起』が指摘する「異類を討伐すべき」との天皇の命も、右の論点から了解されるはずだ。いずれにしても、ここに紹介した『鞍馬寺縁起』の世界は、十世紀初頭の利仁の時代を想像させるものであろう。とすれば、『田村の草子』に見る御伽草子的世界での俊仁将軍の唐土への征伐と、鞍馬山での参籠という場面は、それまでの幾つかの伝説をつなぎあわせたものといえる。

ところで、下野地域は奥州との境界をなし、俘囚・群盗が多かった。上野や上総の国司をしつつ鎮守府将軍としての肩書を有した利仁は、まさしくかれらを鎮圧する役割を帯びた軍事貴族ともいうべき存在だった。ここで想起されるのは、坂東平氏の祖となる高望王《たかもちおう》が平姓を賜与され、上総介として赴任したのが九世紀末の寛平期とされる。広くいえば、これまた軍事貴族であり、九世紀から十世紀にかけては、群盗と俘囚勢力が蟠踞《ばんきょ》した辺境の地坂東に、かれらが軍事貴族として派遣された意味は大きい。

利仁は『平家物語』『保元物語』『義経記』などの諸作品に、田村・余五《よご》将軍（平維茂《これもち》）・平致頼《むねより》・藤原保昌・源頼光などとともに、平安武士の典型として系列化されている存在だった。そうしたなかで、田村将軍とともに、利仁がとりわけ後世の武将の祖とされるのは、なぜなのだろうか。あるいは「田村・利仁が鬼神をせめ」（『保元物語』）と見えるような記述が示すように、かれらが一体化した表現で、云々される意味は何なのだろうか。

おそらく、そこには異類・異域への征伐観が伏在していた。田村麻呂はその元祖であり、利仁はその武威を再生したもう一人の〝田村麻呂〟として位置づけられたのだろう。鬼神を征伐した両者が異名同体の存在として、中世に伝説化された意味を、このように理解したいと思う。そしてこの場合の鬼神とは、辺境に位置した日本国の鬼門（＝東北の方向で邪気・悪疫の侵入口とされる）、すなわち奥州の蝦夷・俘囚がその実体ということになる。征夷将軍と鎮守府将軍という両者の肩書は、たしかにその任に最もふさわしい。

「征伐」とは何か

その東北＝奥州に付着する「征伐」の語感について語りたい。武威の来歴が主題である本章にあって、われわれは中軸に位置する話に近づきつつある。「征伐」の語が具有する意味は多様だが、これが歴史としての意義を持ち得たのは中世までであった。以後は征伐すべき対象や地域が日本から消滅したからである。別の表現をすれば、日本国の一体化が中世の誕生で実現したとも表現できる。

御伽草子の『田村の草子』で語られる征伐対象は、つねに王権の所在から東方世界に位置していた周縁部だった。近江そして伊勢と、いずれも三関に位置する。さらに陸奥である。じつはこの陸奥をふくむ東北は、悪路王伝説に象徴化されるように、「征伐」されるべき対象として認識されていた。田村麻呂でも利仁でも、かれらが武力制圧の原点として、最初に陸奥を鎮圧したと伝説化されるのは、何よりもこの「征伐」史観を前提としていた。文明の練度からいえば、西高東低の様相にあった古代日本は、東夷を「征伐」すべき存在として武力を発揚することで、中世を胚胎させた。

中世国家の原基が形成される王朝国家、その王朝時代の『陸奥話記』には坂上田村麻呂伝説が浮上する。この点は前項でもふれた。これを継承するように『吾妻鏡』が悪路王伝説を紹介した。頼朝の奥州合戦の現実が、前九年合戦の再現でもあったとの観点を確認するならば、中世武家のしかも源氏の武威の来歴は、つねに奥州との「征伐」という名の戦争を介して登場していることがわかるであろう。坂上田村麻呂はその意味で、源氏の諸武将の登場まで大いなる役割を演じさせられていた。頼朝の征夷大将軍の原点、それは「征伐」することで武威を発揚する行為に他ならなかった。中世という時代は、東北=奥州を「征伐」することで誕生した。

巻末〈付録〉の『平家物語』をはじめとした軍記作品を参照していただきたい。そこに朝廷=王権に反逆した人物として登場するのが将門・純友であり、さらに安倍貞任・宗任の名であった。東国世界を語るうえで、将門の乱や前九年合戦は、武威の来歴を読み解くのになくてはならぬ材料だった。

こうした戦乱の鎮圧者にはつねに神話的伝説が付随する。将門の乱に関しては、平貞盛なり藤原秀郷なりの人物像が伝説化した。遅れた形で東の世界を射程に入れた源氏にとって、将門の乱の鎮圧に匹敵する武功者が必要とされた。頼義・義家はその源氏にとって東の世界をわが物にするための原点ということになる。そうした意味から後世の源氏神話が、武威の原点を東北蝦夷の制圧に求めたのも当然だった。頼義・義家による前九年合戦は武門源家誕生の〝神話〟に欠くことのできない材料だった。

南北朝期の成立とされる『源威集《げんいしゅう》』を参照するまでもなく、東北は「征伐」すべき対象の異域として存在した。その「征伐」を将軍という職務において執行すること、それは同時に国家守護権の委任ということでもあった。軍事権門としての幕府の法的源泉は、まさにここにあった。

話は少し難しくなるが、さらにつづけたい。中世史の真髄にかかわる部分である。よく知られているように、頼朝は建久元年（一一九〇）に上洛する。奥州を制圧した直後だった。治承四年（一一八〇）の挙兵からいえば、内乱の十年が経過したことになる。その場合、壇ノ浦合戦までの前半の五年は対平氏攻略に費やされた。そして後半の五年は奥州藤原氏との対決という大まかな区分が可能となろう。

対平氏族滅での最大の果実は義経問題を機とする、守護・地頭の勅許ということになろうし、後半の対奥州戦もまた義経問題がからみつつ、東北の藤原氏を滅亡させ、日本国を誕生させた点だ。頼朝が奥州藤原氏を攻略する論理は、あくまで前九年合戦での父祖頼義以来の「家人の義」という、まやかしに近い論理だった。要は私的成敗権の拡大として〝家人たる藤原氏を討つ〟というものだ。奥州はその論理の延長のなかで「征伐」の対象とされ、これが源氏神話の醸成につながった。

少し田村麻呂から話が拡大しすぎたかもしれない。同じく武威の来歴というテーマを語る場合、頼光の伝説もまた意義が大きい。

酒呑童子・頼光・大江山

田村麻呂や利仁とともに、平安武者の典型とされるのが源頼光《よりみつ》だろう。スター性の点では、田村麻呂や利仁をはるかに凌ぐようだ。逸話・伝説の類は超弩級といってもよい。酒呑《しゅてん》童子《どうじ》をはじめ、金太郎伝説、さらに羅生門《らしょうもん》の鬼退治などの武勇にちなむ話がめじろおしである。史実としての頼光が小さければ小さいほど、伝説としての虚像は大きくなる。この点では田村麻呂や利仁と同じだろう。これまた鬼神退治云々にかかわっている。

案外と知られていないことだが、滝沢馬琴には鬼神の正体を文献学的に考証した作品もある。その著『燕石雑志』に所収の「鬼神論」「鬼神余論」（巻三十二）には、頼光の大江山の鬼退治をふくめ、種々の鬼神談義が展開されている。陰陽道や仏教との関係を考察したうえで、疫病や疱瘡神《ほうそうがみ》との関連が示唆され、一条天皇の長徳年間（九九五〜九九九）の疱瘡の流行という史実などもふまえ、興味深い議論が語られている。

ところで頼光像の伝説としての原点は、やはり『平家物語』なり『太平記』だろう（巻末〈付録〉）。その主流は能および謡曲、そして御伽草子へと継承される方向である。ここでは角度をかえて、『大江山』『土蜘蛛《つちぐも》』『羅生門』などの能・謡曲での頼光の世界にふれることからはじめよう。

まずは『大江山』である。『大江山絵詞《おおえやまえことば》』を典拠としたこの作品は、御伽草子の『酒呑童子』とほぼ同じ趣向といえる。丹波国大江山の鬼退治の勅命を受けた頼光（ワキ）は、従者をひきつれ山伏姿で大江山へと向かう。やがて鬼の頭目とされる酒呑童子（シテ）の住居に到着した一行は、酒宴で歓迎される。酒に酔った童子たちは鬼神へと変じ、四天王たちとの

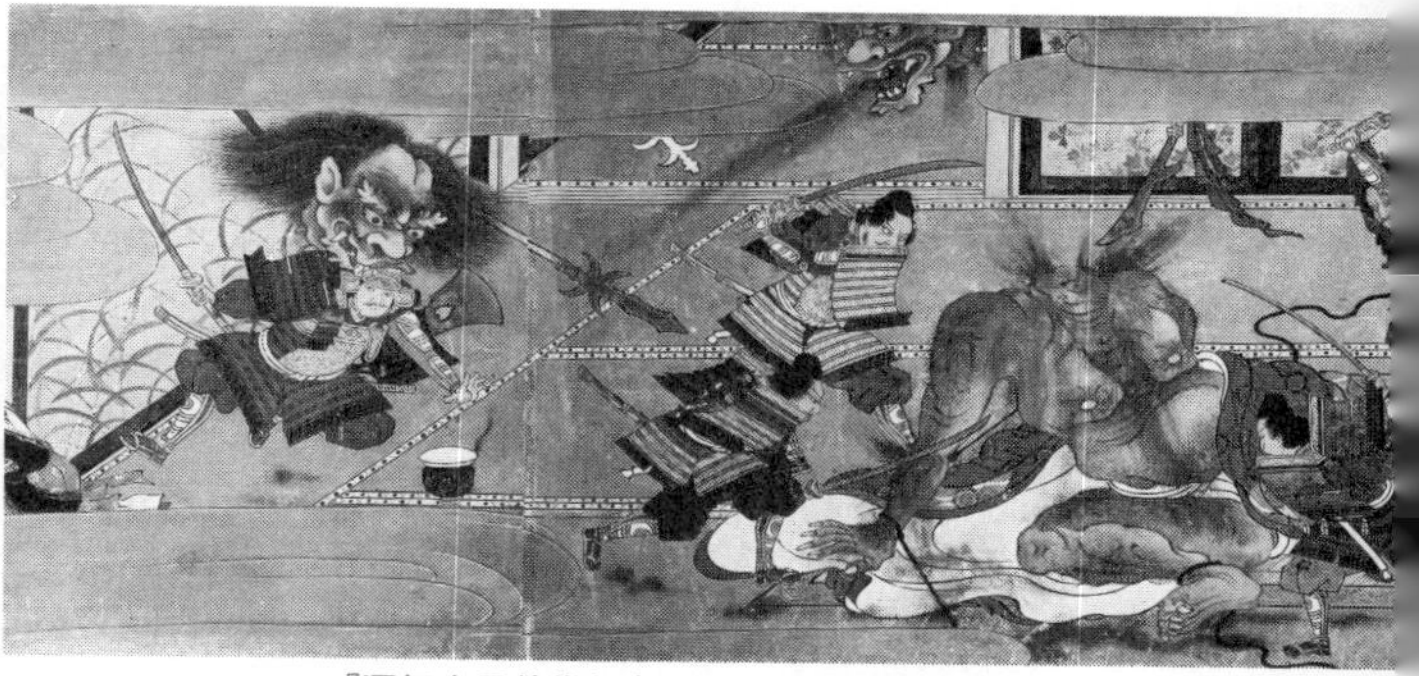

『酒伝童子絵巻』（サントリー美術館所蔵）

斬り合いの末、ついに頼光は酒呑童子を打ち取るというものである。このストーリーは浄瑠璃や歌舞伎にも受けつがれ、『酒呑童子《しゅてんどうじ》枕言葉《まくらのことのは》』（宝永四年　近松門左衛門作）、『傾城《けいせい》酒呑童子』（享保四年　近松門左衛門作）などに流入した。もっともこうした近世における浄瑠璃作品群は、創作性という点で伝説を文学に加工するのに大きな力を発揮したようだ。その意味では伝説という領域の間尺に合致するのは、やはり中世であるようだ。

『土蜘蛛』、これまた有名な作品だろう。原典は鎌倉末〜南北朝期に成立した『源平盛衰記』の「剣《つるぎの》巻《まき》」あたりということになろうか。病気の頼光を襲った土蜘蛛（シテ）に頼光が太刀をあびせ、その血の跡をたどり、独武者《ひとりむしゃ》（ワキ）がこれを退治するというものだ。そして『羅生門』だ。頼光の従者渡辺《わたなべの》綱《つな》（ワキ）が、羅生門に住む鬼神（シテ）の片腕を切り落とすという話で、これまた著名だろう。前述の『土蜘蛛』の内容と同様『源平盛衰記』に見えている。

頼光の用事で一条堀河の戻橋《もどりばし》を渡る途中、渡辺綱は美女に出会うが、その正体は愛宕山《あたごやま》の鬼であった。鬼に変じた美女は綱の髪をつかんだが、綱は頼光から預かっていた名刀「鬚切」で鬼の腕を斬り、難をのがれる。その後失った片腕を求めて綱のもとに養母に変じた鬼がおとずれ、これを取り返す話である。「剣巻」に載せるこの話は源家相伝の名剣の由来を語る場面でのものだ。

ちなみに御伽草子の『酒呑童子』には、都で女装した茨木童子《いばらきどうじ》（酒呑童子の家来）が、綱と戦い腕を取られた一件を頼光主従に語る場面があり、これなども『源平盛衰記』の話を根底としたものだろう。いずれにしても、頼光と酒呑童子とは両者不即不離の関係として伝説化されているようだ。ついでながらその「酒呑」の語義についてもいろいろあるようだ。文字通り酒にまつわるところで酒天、酒顛、酒伝と表現もさまざまだ。さらに御伽草子にはその素性を「本国は越後の者、山寺育ちの身なりしが……」とある。これを土台にしたのであろうか、江戸時代の『前太平記』（巻二十）に「越後の産、奇怪なる行ひ多く六歳の頃谷底に捨てられたる者」と見えている。こんなところから「捨て童子」を原義とする理解もあるという。

それはともかく、酒呑童子の正体は何であったのか。貝原益軒《かいばらえきけん》が指摘するように、それを山賊と解する立場もある。たしかに源氏系図には「頼光、伊吹山凶賊を誅す」とあり、これなどを参照したものだろう。さらにまた大江山の鬼神を疱瘡神との関連から解する立場もある（この点、高橋昌明『酒呑童子の誕生』中公新書　一九九二年、参照）。酒呑童子の朱色の色彩は、酒を好むという短絡的解釈よりも、疫病を象徴化した色合いとしての意味もあった。疱瘡神が朱紅色であった理由はここに由来するらしい。こうした点から、馬琴が疱瘡と酒呑童子の関係にわずかながらふれているのは、さほど的はずれでもなかった。

ところで酒呑童子が住した大江山だが、丹波と丹後との国境にあり、都の西北（戌亥《いぬい》）に当たる。東北（丑寅《うしとら》）を鬼門とすると同じく、西北もまた黄泉《よみ》の国の方向という感覚で、人々はこの方向へ畏怖の念を持っていた。大江山はこの西北に位置し、邪気や疫病（疱瘡）の侵入路に当たっていた。こうした諸点が酒呑童子のイメージを増幅させたことは疑いないだろう。

武威の磁場

大江匡房《おおえのまさふさ》の『続本朝往生伝《ぞくほんちょうおうじょうでん》』（『群書類従』伝部）に一条天皇の時代に輩出した人材を列挙した箇所がある。そこには武士として「満仲・満正・維衡・致頼・頼光」の名が挙げられ、「皆これ天下の一物なり」と評している。かれらはいずれも天慶《てんぎょう》の乱において、将門の鎮圧に寄与した源経基や平貞盛の子孫たちだった。なかでも頼光に関する逸話は群を抜く。伝説が伝説を生み出す素地が頼光にはあった。史実の頼光像追求は他に譲りたい。必要なことは、伝説化された頼光像から汲み上げられる歴史の真実だった。といいつつも、その家系について最低限のポイントだけはおさえたい。

嫡子の頼光をふくめ、源満仲の子息として有名なのは次子頼親《よりちか》、三子頼信《よりのぶ》だろう。このうち頼信は河内《かわち》源氏の祖とされる。平忠常の乱を鎮定し、その嫡流の頼義・義家は前九年および後三年合戦で活躍し、鎮守府将軍として名をはせた。この系統から義朝が登場し、保元・平治の乱を漕ぎぬく。その子が武家政権の創始者頼朝ということになる。こうしたことで後世この流れが、清和源氏の嫡流のように考えられるようになった。

頼光の兄弟たちのなかでも頼親についてはどうか。彼は『尊卑分脈』に大和源氏の祖とされ、宇多《うだ》郡を本拠とした。正暦五年（九九四）三月には、叔父の源満政《みつまさ》や弟の頼信らと盗賊の捜索を命じられており（『本朝世紀』『日本紀略』）、「武勇の人」として活躍した。頼親はその後、大和国守時代に興福寺と騒擾事件をおこし、永承五年（一〇五〇）正月二十日、土佐国へ配流された（『扶桑略記《ふそうりやつき》』『百錬抄《ひやくれんしよう》』）。この頼親には頼房《よりふさ》をふくめ四人の子がいるが、頼房の系統には、のちに承久の乱で京方武士となった頼清・頼重父子もいる。

そして当の頼光だが、この系統は父の満仲以来、摂津の多田《ただ》を拠点とし、その基盤を継承したこともあり、摂津源氏とか多田源氏と呼称する。その系統は嫡子頼国の第三子頼綱《よりつな》へと受け継がれる。この頼綱の子が仲政《なかまさ》、そしてこの仲政の子が源三位《げんざんみ》頼政《よりまさ》ということになる。

以上の簡略な履歴からもわかるように、満仲の清和源氏の拠点は摂津・大和・河内といった畿内にあった。頼信の家系が、以後その発展の活路を東国に求めたのに対し、頼光の子孫はむしろ、王権内部での大内守護《おおうちしゅご》という形で、辟邪《へきじゃ》的武力の保持者として活躍する。

清和源氏の系譜には、この「奥州征伐」にかかわる伝説の流れと、大内守護にかかわる伝説の両者があった。武威の来歴を語るには奥州をふくめた東国、そして京都をふくめた畿内という二つの磁場について考えておく必要があろう。〝磁場〟の語感には、武的な力が発散される源泉というほどの意味がある。われわれはこの磁場を耕すことで、問題をもう少しだけ掘り下げようと思う。

足柄山の金太郎、あるいは四天王

ここで伊吹童子《いぶきどうじ》の話を想い出していただきたい。文字どおり近江伊吹山を拠点とした話である。御伽草子の伊吹童子は、十五世紀半ばに成立した『三国伝記《さんごくでんき》』（巻六）を原点とするもので、盗賊伊吹弥三郎《いぶきやさぶろう》の話が伝説化されたものだという。大江山の酒呑童子とストーリー的に親戚関係にある。武威の磁場でいえば、伊吹山は都の鬼門たる東北の場にあたる。例の『田村の草子』の世界を持ち出すまでもなく、近江の地は聖なる王権への出入ルートにあたった。そこは鬼神が集積する磁場でもあった。その点では鈴鹿御前で有名な鈴鹿関も同様だろう。王権の聖地が有したバリアーとしての意味を、畿内周縁に見出すことができる。

周縁の議論をすれば、頼光の四天王たちの伝説上の故郷を考えてみるのもおもしろい。四天王の呼称は鎌倉期の説話集『古事談』(巻二)あたりが初見らしい。この四人に誰を宛てるかは諸説がある。一般には渡辺綱《わたなべのつな》、坂田金時《さかたのきんとき》、卜部《うらべの》(平)季武《すえたけ》、碓井貞光《うすいのさだみつ》(平貞道)とされる。かれらの名は『平家物語』『源平盛衰記』で流布し、やがて近世の『前太平記』あたりで完全に定着して、市民権を得たようだ。

まずは四天王随一とされる渡辺綱である。その実在性には疑問も呈されているようだが、ともかく伝説上での活躍は、主人の頼光をしのぐほどだった。活躍の場は一条戻橋や羅生門などいろいろだが、鬼神とわたり合うこと数度におよぶ武者として著名な人物だった。系譜的には嵯峨源氏の源宛《あつる》(左大臣源融《とおる》の曾孫)の子で、その後源敦《あつし》の養子となり、渡辺姓を称したとされる。

摂津の大江御厨《おおえのみくりや》を拠点としたこの渡辺党は、滝口武者《たきぐちのむしや》を家職としており、鳴弦《めいげん》の儀《ぎ》での役割を担うなど、武の呪性にかかわる〝血統証〟が認められていた。近年、指摘されているような辟邪《へきじや》的武力を職能とした一族であった。加えて淀川水系に属す摂津渡辺の地が有した役割(都のケガレを海へ流出する浄化の場)にも、注目しないわけにはいかない。これまた武威の磁場としての場面を想定してもよさそうだ。

綱の保持した辟邪的職能が伝説にあって、鬼神との対決に彩りをそえる演出効果も、このことを念頭におけば、容易に理解できよう。綱が実在したか否かは、ここでは関心の外である。この点では頼光の従者は、いずれも脚色の度合いが大きい。が、その大きさが伝説をは

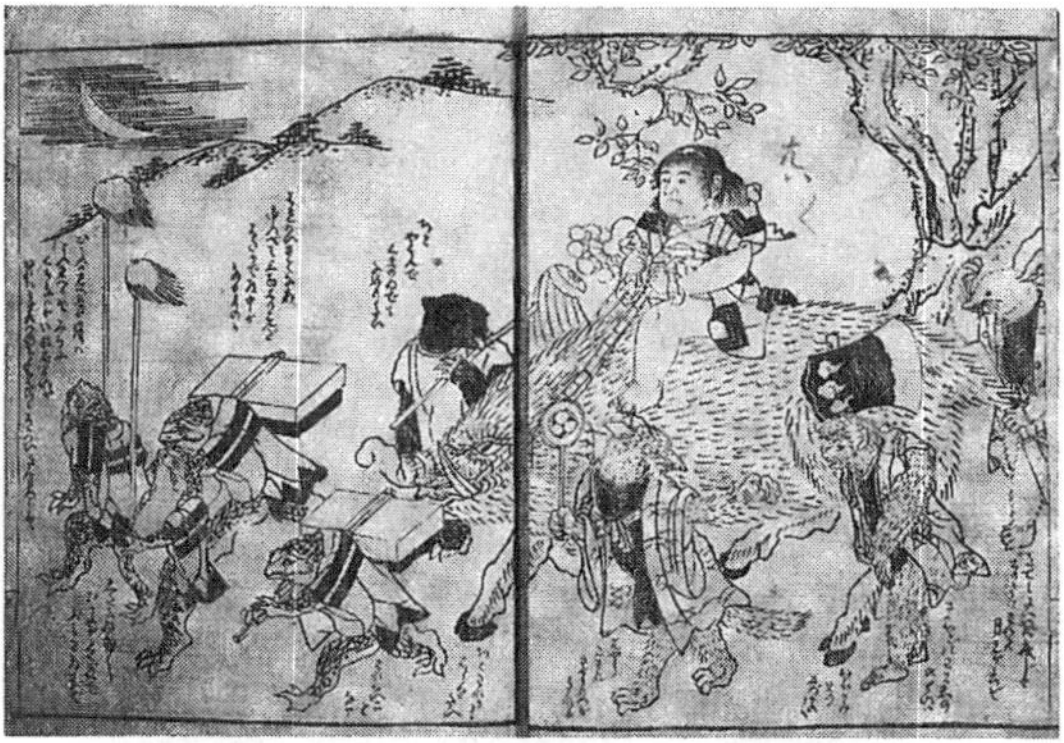

『絵本 坂田金時』（鶴見大学所蔵）

ぐくむ要素でもあるはずだ。

磁場の議論に戻ると、これまた名前だけは知らぬ者がいないはずの金太郎こと、坂田金時もおもしろい。〝足柄山《あしがらやま》の金太郎〟の話でもわかるように、相模・駿河の境域足柄坂の出身とされる。坂東とは東海道の足柄坂以東、そして東山道の信濃・上野間の碓氷《うすい》坂以東の呼称だった。第一章でもふれたように、金時の出自がふれられているのは浄瑠璃の世界が最初だった。定型が完成したのは、近松の『嫗山姥《こもちやまんば》』（正徳二年）だろう。

頼光が東国への流浪の途上、信州上路の山中で山姥の庵に宿し、山姥の息子怪童丸を見出す。彼はやがて元服して坂田金時となる。だが、この話には金太郎の呼称もないし、足柄山という場もない。金時の幼名が怪童丸から金太郎となり、足柄山中で熊とたわむれる、童髪姿で鉞《まさかり》をかつぐ例のスタイルは、江戸中期の草双紙《くさぞうし》や絵本の類からだろう。
ともかく、坂田（あるいは酒田）に込められた意識は、坂・峠が有する異域性を随伴したらしいことは疑いない。とりわけ坂東との境に位置する足柄坂にはその感が強く、金時（公時）の出身の地として大きな意味を持った。加えて〝金〟の語が持つ鉄への信仰も、公時が金時と転換されるうえで意味を有した。さらに坂田が酒田と表記されるのは、金太郎の風貌が朱のごとく赤いこと、これが酒気の要素に加え、そこに酒呑童子説話の混入があったことは否めない。

金太郎こと、坂田金時が帯びた足柄（坂東）の武威の磁場についての思いつきを語ると、こんなことになろうか。同様に、四天王の一人として数えられる平貞道（貞光）が、碓井姓として登場するのも偶然ではない。予想どおり、彼もまた碓氷坂に縁があるとの伝説を形成する。

貞道（貞光）は、村岡五郎良文《よしぶみ》を父に持つ著名な武者だった。関東武士の先祖ともいうべき平良文は、村岡（村岳）の名字が付されるように、武蔵あるいは相模に開発の基盤を有した兵《つわもの》とされる。『今昔物語集』（巻二十五）には、この良文と源宛（綱の父）が原野で一騎討ちをした有名な話が伝えられている。

その限りでは伝説の世界ながら綱とこの貞道の両者が、ともに頼光の従者とされているのは奇しき縁というべきか。それはともかく貞道が父祖以来、坂東に拠点を有したことを考え合わせれば、碓井の名が冠せられていることは説話上での脈絡ではあるが、これまた異域的要素をはらむ武威の磁場といえそうだ。

伝説や説話が伝えるメッセージをどのような形で読み込むか。この点でいえば、頼光伝説の周辺で浮上してくる問題をつまみ食いすると、右のようなことが頭にうかぶ。以下では肝心の頼光自身について掘り下げたい。

大内守護

頼光《らいこう》の名が巷間に流布したのは、その音が〝来迎〟であったり〝雷公〟であったりと、浄土信仰や天神信仰とのかかわりもあろう。多くの伝説に彩られた生涯で注目されるのは、彼が大内守護の任にあったことだ（『尊卑分脈』）。内裏の警護を職掌とする任についたのは、十一世紀初頭の寛弘年間（一〇〇四～一二）のころと推測される。この大内守護は律令制下の衛府の制の衰退にともない、内裏（王権）を守護する役割を帯びたものだった。そこには単純に武力に秀でているという面のみならず、辟邪的要素を備えていることが要請された。

大内守護が実録的史料で確認できるのは、頼光の末裔頼政以後ということになるが、この職務は頼光を起点に、その後頼政の子孫に継承され、頼茂《よりもち》までつづいた（『吾妻鏡』）。頼政はよく知られるように、怪鳥鵺《ぬえ》退治の主人公だった。歌人としても著名で『頼政家集』などからも、大内守護在任の時期が判明する。治承の内乱はこの頼政と以仁王《もちひとおう》（後白河の皇子）

の二人が、口火を切ることではじまった。

頼政以後、大内守護は内乱期には頼政の子息頼兼《よりかね》が任じられ（『吉記《きっき》』）、その後はさらに頼茂へと継承されている。ともかく頼光の子孫たちが職責として、この職にあったことはやはりおもしろい。どうやら、この大内守護は頼光―頼政系の「家職《かしょく》」（家々に相伝された固有の職責）という意味合いが強いようだ。

その大内守護に関するつぎの説話は興味深い。近衛院や二条院が物怪に悩まされたおり、頼政がこれを退治したとの『平家物語』（巻四）の中身は、それなりに示唆的だろう。説話に付着する贅肉《ぜいにく》を削り取るならば、王権への守護をその中枢において担う大内守護の職掌が暗喩された内容、と読み解くこともできる。

この大内守護の原点は頼光にあった。というよりも頼政流の人々が、頼光を仰ぐことで、一族のアイデンティティの拠りどころとしたともいえる。この点では、頼光にも実は同様の話が伝えられている。「極《きわめ》タル兵《つわもの》」であった頼光が三条院の東宮時代に、寝殿の南東にいた狐を射たとの話（『今昔物語集』巻二十五）がそれである。頼政伝説には、どうもこの頼光のイメージが重ねられている。

源氏神話という点でいえば、たしかに東国的武威を前提とする鎌倉の武権が、主役となろう。だが、王朝的な武威の立役者、頼光―頼政系に引き継がれたもう一つの武威にも思いを致す必要もあろう。昨今注目される「辟邪の武」とは王権への侵害や脅威をなす邪気や穢《けがれ》を払う、マジカルな武力をいう。伝説としての頼光神話には、こうした隠された武の系譜がはらまれていた。

源氏神話の誕生

武威の来歴というテーマのもとに議論してきたことがらは、大きく二つに整理できる。一つは征夷なり鎮守の語感が併有する「征伐」史観についての問題である。そして二つは武力の霊的な威力にかかわる問題だ。

前者は坂上田村麻呂・藤原利仁といった異域征討伝説を大きな柱とし、最終的には頼朝の奥州合戦で完了する国家守護権に連動する内容だ。〝将軍〟という形式において、軍事権を執行する歴史的根拠、それは常に征夷であり鎮守であった。その限りでは奥州の地は、それを再燃させる対象として意味をもっていた。鎌倉幕府が武権を確立するさいに、その神話を創生する場を奥州に求めたように、である。

前九年そして後三年合戦にさかのぼり、さらにその原点を田村麻呂に求める状況は、過去の歴史を「征伐」という因縁で解するための神話ということになる。頼朝の源家はその家筋から、頼義・義家を再生・再燃させた。かれらが伝説の主役となる理由はひとえに、武権の覇者、頼朝の血脈が根底にあるからだ。南北朝期に成立した源氏の勢威を語った『源威集』をひもとけば、そのあたりの事情も了解できる。

そして後者については、頼光あるいは頼政という「大内守護」（王権守護）の任を家職・家業とする武の系譜の問題である。「辟邪の武」と表現されるその霊的側面の効用により、王権をその中枢において守ることが役目とされる。前述したように、頼光の酒吞童子伝説が他方で神仏的世界を背負いつつ、従者＝四天王をこれに配置させる解釈は、このことと無関係ではない。伝説という場のなかで構築された頼光とその子孫たちへの思いのなかには、頼朝とその始祖の神話（奥州征討に代表される将軍系譜）とは、別個の観念があったと判断される。

われわれが武威の来歴に二つの光源を見出そうとするのは、こうした背景を考慮してのことである。源氏神話の嫡流は、最終的には東国に拠点を据えた頼朝の血脈が継ぐことになる。頼光的世界での伝説はその限りでは、武権の傍流として存在することで、自己を主張しつづけた。かれら王朝武士（都ノ武者）は、王権の基盤たる京都を物怪・怨霊・邪気・鬼神から守ること（辟邪）、これも使命とされた。

それでは頼光―頼政ラインの武威が、中世国家の嫡流となり得る可能性はなかったのか。今なぜこのような話題を持ち出すのかといえば、中世の鎌倉の幕府はかつてさかんに議論されたように、わが国の古代から中世への転換のなかで、唯一の必然的な権力であったのかという問題に接続するからである。結論をいえば、必ずしも唯一の在り方ではなかったのかもしれない。

おそらくは治承四年（一一八〇）の頼政・以仁王の挙兵は、その分岐点のうちの一つだったろう。『吾妻鏡』的伝説から解放されて歴史を読み返すならば、大内守護たる頼政が王権の危機に臨み、挙兵したこのことの意味を、単に頼朝へのリリーフとしてのみ理解すべきではなかろう。むしろそこには頼光以来の「都ノ武者」の流れ（その主流は実は平氏が担ったのだが……）、ともかく、平氏に代わるべき王権の守護者への自覚ともいうべきものが頼政系の武士にあったことは否定できないと思われる。

少し話が拡散しすぎたようだが、頼光その人と、そこから広がる伝説的な世界をふまえるならば、鎌倉的武威（征伐的要素）のみが、唯一の中世の形態ではなかったことは考慮しておく必要がある。

しかし、中世の現実は東国的な武威を選択することで、国家の軍事権門の地位を幕府に与えた。幕府の諸国守護権には、元来ルーツを異にする頼光―頼政的な大内守護権も流れ込む。王朝武者（都ノ武者）の職責・職能（辟邪の武）の延長には、東国的武威とは別のものがあったが、それは頼朝に流入することで、源氏神話の構想に寄与した。頼朝に与えられた日本国総守護職の中身にはこうした問題もある。

征夷なり、征伐なりの軍事的要素がそこでの本質だが、清和源氏の血脈では、頼光の弟頼信の家系が継承した。他方、頼光の家系は玄孫の頼政に至るまで歴史の舞台には浮上してこない。

こうした視点で『源平盛衰記』の「剣巻」を読むと、興味深い場面に遭遇する。そこには源家相伝の名剣の行方を介して、源氏が武権を確立する過程が指摘されている。満仲が頼光に伝えたという「鬚切」と「膝丸」の二つの名剣は、結局頼義・義家へと継承されるというストーリーなのだ。

この宝剣継承説話には不思議にも頼信の名が見えない。平忠常の乱を平定したあの頼信に関しては、神話を構成する要素としていささか物足りなかったのではないか。武威の最大の磁場ともいうべき奥州とのかかわりが、見当たらなかったことも理由の一つだろう。

第四章　為朝と義経　異域の射程

外伝、鎮西八郎為朝

『椿説弓張月《ちんせつゆみはりづき》』、おなじみの滝沢馬琴の代表作である。化政期に隆盛をみる読本《よみほん》のなかでも異彩を放つ大作だ。同書はその表題に「鎮西《ちんぜい》八郎為朝外伝」の角書《つのがき》が付されているように、為朝異聞ともいうべき内容をもっている。俗説・伝説をストーリー化した作品ということになる。「椿説」は珍説の義である。実記・実録的な正史（正伝）を離れての小説風の為朝伝ということになる。

まずはその内容を略記しておこう。為朝の活躍した舞台にしたがい大きく二つのパートに分かれる。一つは日本であり、もう一つは琉球だ。前者は信西《しんぜい》入道の論難を避け九州に下向した為朝が、阿曾《あそ》忠国《ただくに》の娘白縫《しらぬい》と結婚し鎮西を平定する。その後保元の乱で活躍、やがて大島配流となる。為朝はここで島の代官の暴政を懲らし、伊豆七島を巡歴するが、官軍襲来の報を得て、息子朝稚《ともわか》を伊豆へと脱出させ、危機を脱する。

やがて為朝は崇徳院《すとくいん》の陵がある讃岐へと向かい、妻の白縫たちと再会し、清盛追討の時宜を待つ。かくして清盛征討のため水俣《みなまた》を出立するが、途上暴風雨のため南海へと漂流、舜天《すて》丸《まる》（為朝と白縫の子）らの船は姑巴島《こはじま》に漂着、為朝も崇徳院の眷属の天狗たちの導きで琉球へと着く。

さて琉球編ともいうべき後半の世界では、琉球漂着後の為朝父子の活躍が描かれている。そこでは琉球国の由来からはじまり、当時の尚寧《しょうねい》王の時代の国情、および国政の混乱・衰退ぶりなどが語られている。王位継承の内紛に関与した為朝は、白縫姫（南海漂流の途中、いけにえとして入水《じゅすい》）の霊が乗り移った尚寧王の王女を援助、救出する。彼女を妻とした為朝は多くの邪臣たちを排し、争乱の琉球を平和へと導く。琉球平定後、即位を勧められた王女にかわり、王位は為朝の子舜天丸が継承し舜天王《しゅんてんおう》となる。かくして為朝は崇徳院の霊に迎えられ、雲中に登仙《とうせん》する。

以上がこの小説のあらましだ。ロマンあり、冒険ありの大長編小説である。ちなみに琉球入り以前の前半部分は、『保元物語』を原点に江戸期の地誌類を参考としたとされる。『伊豆国海島風土記』『八丈筆記』などにより、伊豆諸島の描写のディテールが表現されているようだ。そして後半の琉球入りの場面については、正統の弱者を助け内乱を治定する義の人としての立場が描かれ、『中山伝信録《ちゅうざんでんしんろく》』や『琉球談』などの作品が参照された（岩波・日本古典文学大系『椿説弓張月』上、解説参照）。

伝説の古層をボーリングする

為朝伝説の原点はむろん中世の『保元物語』にある。身長七尺以上、強弓《ごうきゅう》の使い手としての為朝のイメージはこの軍記作品が形象化したものだった。「はるかの末子為朝冠者こそ、鎮西にてそだちたるものにて候が、弓矢をとりてもおそらくは父祖にもこえ、うちものとってもたつしやに候。合戦のみちも能々《よくよく》心得たる奴にて候」とは、保元の乱にさいしての父為義のことばだ。

このことは、保元合戦における大庭景能《おおばかげよし》の為朝との戦いぶりを回想する有名な場面（『吾妻鏡』建久二年八月一日条）からもうなずけるであろうし、さらには『尊卑分脈』為朝評にも「日本第一健弓大矢猛将也」とか「大精兵《だいせいひょう》」の表現が付されているところからも、その勇猛ぶりは充分に想像可能だろう。

それはともかく、史実の上の為朝は、十三歳のおりに父の不興《ふきょう》をかい、九州に追放され、豊後国に住し阿蘇氏の婿となったという。鎮西で惣追捕使を名のり、各地を転戦する。訴えにより召呼されるがこれに応じず、そのため久寿元年（一一五四）十一月、父為義は検非違使《けびいし》を解官《げかん》される。その後為朝は上京したが保元の乱に遭遇し、父の為義に従い崇徳《すとく》上皇側に参じた。乱は上皇側の敗北となり、周知のように為義は梟首《きょうしゅ》され、為朝は近江の坂田あたりで捕らえられ、保元元年（一一五六）八月、身柄は京都へと送還された。このあたりは『兵範記《へいはんき》』なり『台記《たいき》』などの日記にくわしい。

問題は為朝のその後である。実録的史実との住み分けは明確である。要は実録以外が伝説の領域となる。このことは、為朝に関してもあてはまる。とりわけ、配流後の史実は不分明であり、これが為朝伝説の裾野に彩りをそえた。『保元物語』には、為朝はその武芸の才をおしまれ、死を免ぜられ肩の筋を抜かれたうえで、伊豆大島へと配流されたことが見えている。だが、近隣の島々を従え、島民に濫妨をはたらいたことで、嘉応二年（一一七〇）に伊豆介工藤茂光《くどうしげみつ》により追討され、為朝は大島で自害したことになっている。前記の『尊卑分脈』にも類似のことが記されているが、茂光の追討により「安元三年（一一七七）三月六日討死」とあり、年月に若干の隔たりがあるとはいえ、中世の作品はいずれもが茂光の追討により、大島での為朝の死去を伝えている。

為朝が敗死せず、その後も伊豆諸島を荒らし回ったとの伝説が登場するのは、中世末から近世初期の成立ともされる古活字本『保元物語』の世界だった。すでにふれた『尊卑分脈』にも、「伊豆大嶋後、近辺の嶋七、八ヶ所を掠領し、後に鬼嶋に入る」との付記があるように、為朝の伊豆諸島巡歴説の骨組は、中世には成立していた。それはともかくこの古活字本『保元物語』（為朝鬼が島に渡る事幷びに最後の事）によると、為朝は大島配流の十年後に、白鷺《しらさぎ》・青鷺《あおさぎ》が沖に飛び去るのを見て、他にも島があると思い、出船し鬼ヶ島に至ったことが記されている。「たけ一丈あまりある大童の、かみはそらざまにとりあげたるが、身には毛ひしとおひて、色くろく牛のごとくなるが、刀を右にさしておほく出たり」との描写がそれだ。

以下はいささか冗漫だが、この興味深い鬼ヶ島での為朝と鬼の子孫たちの対話を現代風に再現してみよう。

鬼童　日本の人は、ここに島があるとは知らないはずだ。むかしから暴風に会って、ここに漂着した者もいるが、生きて帰った人はいないのだ。荒磯で舟も浪に打ち砕かれる。この島にはお前たちが帰るべき舟はないのだ。食べ物がなくなれば命もつきよう。だから舟があるうちに帰るのが身のためだ。

（郎等たちは、おそれおののいたが、為朝は意に介さずに島めぐりをはじめた。この島は田もなく畑もなく、そして果実もないありさまだった）

為朝　一体、お前たちは何を食しているのか。

鬼童　魚や鳥などを食べて生活しているのだ。

為朝　しかし、見たところ網もなければ舟もないではないか。どのように魚や鳥を捕らえるのか。

鬼童　それはそれ、天の恵みよ。魚は岸辺にうち寄せるものを食し、鳥は穴を掘り身を潜め、鳥の声に似せておびき寄せ、捕獲するのだ。

（そこで為朝は鏑矢で大きな鳥を射落とし、これを島人に見せる。かくして為朝の武勇の前に島の人々は平伏し、貢ぎ物として布などを差し出した）

為朝　ところでこの島は鬼が島というそうだが、そうするとお前たちは鬼の子孫なのか。だとすれば、宝物もさぞや多かろう。それを早く出せ。
鬼童　確かに私たちは鬼の子孫だが、むかし先祖が鬼神であったときには、隠《かく》れ蓑《みの》・隠れ笠・浮かび沓《くつ》・沈み沓そして剣などの宝もあった。そのころは舟もなかったが他国へ渡り、人間を生贄《いけにえ》としていたが、今では果報もつきてしまい、宝物も失せ、姿形も人間になってしまい、他国へ行くこともかなわない。
為朝　なるほど、そうであるならば島の名を改めるのがよかろう。
（この島には太い蘆が生い茂っていたので蘆島と名づけ、ここを領し七島を支配した。為朝はこの島を八丈島の脇島〈付属の島〉と決め、舟を毎年一艘差し向け、年貢の献上を命じ、その証にとこの鬼の童を一人連れ帰った）

以上が鬼ヶ島でのハイライトシーンだ。その後の為朝について、かいつまんで話すと、大島の人々は暴れ者の為朝がいなくなり安心していたところに、鬼童をともない帰島したため、人々はこの鬼童を郎等として、人々を食い殺させる魂胆に相違ないと恐れた。為朝の謀叛を警戒する島の人々は工藤茂光を介し、京都に訴えた。驚いた後白河院は院宣を出し、伊藤、北条、宇佐美、新田、加藤などの武士たちが大島へと襲来、為朝は「武の道、非分の物をころさず」の立場で地蔵菩薩を念じ、長子為頼《ためより》と残りの幼子を害し、心おきなく奪戦し、

『保元平治闘図会』為朝の鬼ヶ島征伐の場面（鶴見大学所蔵）

加藤景廉《かげかど》に討たれたとの話になっている。

いかがであろうか。原『保元物語』に比べ、この古活字本の世界では種々の肉付けがなされている。この場合の肉付けとはそのストーリー性のことだ。むろんここでは、馬琴的な勧善懲悪の世界での為朝像とも、距離がある。むしろここでは、中世人のコスモロジー（心性）からすれば、鬼ヶ島への冒険譚が示すように、おとぎ話に近いようでもある。

すでにふれた『椿説弓張月』との比較でいえば、ここには崇徳院の怨霊もなければ、主従のしがらみや男女の情念といった近世風味の味付けは、まだ登場していない。加工のされ方に素朴さが目立つ。その限りでは古活字本『保元物語』は中世の伝説とは異なるが、近世後期の馬琴のそれとも違う位相にある。

先にもふれたが、これが御伽草子の香りをただよわせる理由の一つは、鬼あるいは鬼ヶ島の描写といったファンタジー的要素にある。右に指摘した会話のほほえましさを想い出していただきたい。鬼の子孫たちの零落ぶりとともに、かれらが語る宝物の内容についてである。あるいはご存じかもしれない。有名な『一寸法師』をはじめとするおとぎ話での鬼の附属物に必ず登場するのが、「隠《かく》れ蓑《みの》」「隠れ笠」、さらには「打出《うちで》の小槌《こづち》」だったことを。

とりわけ、前二者は〝隠れ〟云々の語が示すように、鬼が鬼たることを表明するための演出具でもあったらしい。最近の民俗学や歴史学の研究成果をふまえると、こうした理解が得られる。変身・変装の心的作用が、この「隠れ蓑」や「隠れ笠」にはあったという。一種の〝かぶりもの〟の作用には、脱日常的機能なり異界創出機能なりがはたらいていたとされる。要は異界との往来が自在に可能となる世界だ。為朝の鬼ヶ島の「鬼童」は、かつての先祖の鬼たちの因果のはてに、その験能を喪失してしまったのだった。為朝と鬼童両者のやりとりのなかに、われわれが室町的なおとぎ話の世界をイメージできた理由の一つは、こんなところだったのであろうか。

いずれにせよ、ここには馬琴的な読本が共有する怪奇的で野太い筆致は見当たらないようだ。歴史上の〝悪〟を洗い流す筆力で、人々の精神を浄化させるための強烈な理念、大げさにいえば〝正義への問いかけ〟とでもよぶべき状況が、馬琴の作品にはあふれている。近世の『椿説弓張月』はそんな世界だろう。これとの対比でいえば、中世的世界にあっては、伝説を耕すことでその土壌に他の作物を開花・結実させるまでには成熟していなかったのだろう。

歴史への復讐、正義への問いかけ

伝説を構想し、史実の連鎖のなかに、その構想化した伝説を流し込む作業は、やはり近世江戸期にならなければ登場しない。ここで史実の連鎖云々との抽象的表現をしたのは、次のことを念頭においているからである。

例えば、この古活字本をふくめ、中世的世界での伝説では、為朝は大島で死んだことになっている。自害にしろ、討死にしろである。そして息子の為頼も死ぬのである。この史実での絶対的宿命は不可変として存在する。

だが、馬琴はこれを否定する。馬琴は為朝を大島で死なせず、琉球へ渡らせ活躍させるのである。そこには敗者、敗れし者が負わされた不条理を歴史に訴え復讐する、そんな意識が投影されている。その場合、馬琴の意識としては史実とのすり合わせが肝心となる。『椿説弓張月』でいえば、琉球王国の内紛と成立が、まさしく為朝の生涯の時間軸と合致していることが必要となる。琉球の歴史はもちろん、為朝なくしても成立する。だが、その為朝をあるべくした形で歴史のなかに混入させようとしたのが馬琴だった。

為朝の次男朝稚についても同様だ。彼は殺されず危機を脱し、下野《しもつけ》へとのがれ足利氏の養子となったとする。これは実は根も葉もない絵空事ではない。足利義兼《あしかがよしかね》を為朝の子としている史書もある（今川了俊《いまがわりょうしゅん》が記した著名な『難太平記《なんたいへいき》』など）。その義兼の子孫である足利尊氏が天下を一統する。要はこの英雄為朝の威徳により、その子孫がかたや琉球王に、かたや足利氏を継承し室町将軍へとつながるという、雄大な構想が実現している。歴史の改竄《かいざん》といえばそれまでだが。

歴史の連鎖に伝説を流し込む試みは、その意味では成功したようだ。話が為朝論からいささか遠くなっているが、もう少しつづけたい。『椿説弓張月』を通読して気づくことがある。この小説を構成する重要な要素には、やはり崇徳院の怨念がある。前述したように馬琴が、為朝の子孫による日本国と琉球国の統一という構想を導くのは、歴史の闇に葬り去られた崇徳院の怨念にもとづくとの発想だった。

「こゝに為朝が二男朝稚丸は、足利義康密《ひそか》に養ひとつて、今見《いまげん》に下野にあり。これが子孫をもて天下の武将と仰がし、又為朝が未生《みしよう》の末子をもて、某の国の君となさん。これ朕《わ》が贔負《ひいき》の制度《さた》にあらず。為朝夫妻、家隷《いえのこら》等が忠義の善報、その余慶《よけい》、子孫に及ぶものにして、自然の理《ことわり》なり」（第二十五回）とは、崇徳院の霊を介して語らしめた馬琴の想いだった。

因果応報と勧善懲悪に貫かれたこの作家の内奥には、強烈なる正義への問いかけがあった。善には善報が、悪には悪報が、この意志の回路が作品の随所で点滅している。ただし、馬琴の語る崇徳院は、読本の先輩にあたる上田《うえだ》秋成《あきなり》の『雨月物語』での情念と怨念でくるまれた世界とは少しちがう。いずれにせよ、不本意な結果に終わった歴史、その歴史に埋没させられた不遇な武将為朝を蘇らせる。それが馬琴の歴史への問いかけにもつながっている。

そして、興味をひかれるのは、その蘇らせ方の手法である。伝説を駆使しつつ、歴史の裂目にこれをちりばめる巧みな方法である。

ところで馬琴はその雄大な構想力のなかで、為朝と崇徳院を邂逅《かいこう》させたのだが、そもそもそうした場面の原風景はどこに起点があったのか。

「日本国の大魔縁」

「日本国の大魔縁となり、皇を取て民となし、民を皇となさん」とは、讃岐に配流された崇徳院の悲憤・怨念を語る『保元物語』での有名な描写である。ここに指摘するように怨霊と化することで、崇徳院は「皇」と「民」との入れ換えを望んだ。歴史への復讐をも意味する右のことばには、現実の制度や価値の否定の気分があふれている。〝革命〟にも匹敵する大きな変革を歴史のなかに実現させる。魔道にあって自己の苦しみを他者に及ぼすことで魂の浄化をめざす。崇徳院の怨念の行きつくところは、ここにあった。

鎌倉末期の『保元物語』の作者には、「皇」と「民」の入れ換えは、歴史の枠組みの転換として、武家（鎌倉）政権の誕生もその射程に入っているはずだ。近世の馬琴はこの史実をさらに超える形で、例の〝革命〟思想を足利氏に、さらには琉球王国へと付会させたことになる。

それでは為朝と崇徳院との関係をストーリー化させる伝説は何によるのか。『太平記』がそのカギになる。「雲景未来記事《うんけいみらいきのこと》」(巻二十七)には、雲景なる僧が山伏にともなわれ、愛宕山に至り、そこで目撃したことを語った場面が描写されている。そこには崇徳院をはじめとする人々が、魔王となり天下を乱そうとする話が紹介されている。もちろん、説話・伝説的世界でのことだが、中世人にとってこれを自然に受容され得る基盤があったことは重要だろう。

上座ナル金ノ鵄《とび》コソ崇徳院ニテ渡《わたら》セ給へ。其傍《そのそば》ナル大男コソ為義入道ノ八男八郎冠者為朝ヨ。左ノ座コソ代々ノ帝王、淡路《あわじ》ノ廃帝《はいてい》、井上《いかみ》皇后、後鳥羽院、後醍醐院、次第ノ登位ヲ逐《おつ》テ悪魔王ノ棟梁ト成給フ、止事《やんごと》ナキ賢帝達ヨ。……大魔王ト成テ今爰《ここ》ニ集リ、天下ヲ乱候べキ評定《ひょうじょう》ニテ有

この『太平記』の世界が南北朝の動乱という大きな歴史のうねりを題材としている以上、そこに語られている「天下ヲ乱候」云々の対象も、この時代に照準を合わせたものだった。

愛宕山中でこの雲景が見聞したのが、上座に位置した崇徳院と、これを守護した為朝であったことはおもしろい。そして左座にいる人々もこれまた歴史上の政争にからみ、敗れた亡者たちだった。ここには保元の乱云々という狭い世界での敗者のみが、問題にされているわけではない。むしろ歴史の連鎖のなかで敗れし者を「悪魔王の棟梁」とすることで、深く時

代に接近しているようである。

淡路廃帝（淳仁天皇）あるいは後鳥羽院も後醍醐院も、すべてを目配りしたうえでの崇徳院に対する『太平記』作者の意識は、それなりに重い。むろん『保元物語』とのすり合わせが念頭にあったとしてもだ。

それにしてもここに登場する「止事ナキ賢帝」たちの最上位に位置したのが、崇徳院と認識されていたことは興味深い。賢帝云々の中身は、多分に怨念の量に比例してのことだが、中世にはこうした形で崇徳伝記がデフォルメされ、伝えられていたのだろう。そして、これに付随した形で為朝が浮上している。為朝と崇徳院が魔道世界にあって、自己を主張し出すのはどうもこの『太平記』が原点であった。とりわけ為朝についてはその感が強い。

中世を画する二つの内乱――治承の乱と南北朝の動乱――のうち、『保元物語』なり『平家物語』あるいは『源平盛衰記』は前者の時代を、『太平記』は後者の時代を、切り取ったものだろう。当然のことをここで強調するのは、為朝と崇徳院を魔道の世界で邂逅させる構想が、中世後期の『太平記』的な世界で成熟したものだったとの理解によるからだろう。

例えば『源平盛衰記』でさえ、崇徳院に近侍するのは為朝よりも父の為義という設定だった。平教盛（清盛の弟）の夢に登場する崇徳院の話がそれだ。「柿の衣に不動袈裟《ふどうげさ》」「鵄兜《とびかぶと》に鎧着《よろいぎ》」のいでたちをした敗者の亡魂たちが参集し、西八条の清盛邸へとむかうくだりがある。「足手の御爪長々と生ひ、御髪は空様《そらざま》に生ひて、銀の針をたてるが如し」と描写される崇徳院を奉じていたのは、平忠正そして源為義となっている。

その点を考えるならば、為朝が浮上してくるのは南北朝以後のことだった。中世後期は、保元・平治の乱や源平の争乱というかつての闘諍を、記憶にとどめ再生させた時期ということができる。『太平記』が語る為朝像はその後の古活字本で肥大化し、近世の読本へと流れる。

鬼ヶ島からのメッセージ

「異域の射程」の副題をもつこの章の目的の一つは、まさに為朝を介して展開される異域論議にある。すでに前章の「征伐」史観云々でそれなりの解説をほどこしておいたが、以下の話はそのことをふまえたうえでの議論である。

史実として確認できる為朝の大島配流、史実と伝説のはざまに位置する伊豆諸島巡歴、そして伝説を加工し、小説化した『椿説弓張月』の世界での琉球伝説と、それぞれに虚構の度は異なっている。いま史実と伝説のはざまという表現を用いたが、為朝論でいえば鬼ヶ島云々がその対象となる。

鬼ヶ島のイメージには異人・異域の世界がある。遠流の対象とされた辺境は、都（皇都）―畿内―外国という同心円的に拡大された観念では、まさしく異域と認識されていた。これが王朝貴族の観念の産物だとしても、それが古代や中世の人々の皮膚感覚にまで浸透し、行動様式や文化形式を決定していたことは、動かしがたい。

最近の研究によれば、それはまさしく浄―穢の構造のなかで理解されるべき問題だともいう。要は浄（キヨメ）―穢（ケガレ）という同心円的国家領域観念では、異域とはこの穢（ケガレ）で充満した、国家版図《はんと》の外に位置する地域ということになるらしい。

それゆえに異域およびこれに接する地域は、罪を犯した人間、とりわけ重罪人の流刑地とされた。〝ケガレ〟を有した人間を浄的中心から追放する行為、これが流罪であり流刑だった。

すでにふれたが、坂東（足柄坂《あしがらざか》、碓氷坂《うすいざか》以東）の心象風景が、奥州との境界地域という意味で、準異域に観念されたことが、坂や峠において異類・異形伝説を形成させる一因だったようだ。これは東国世界での事例だが、同じことは南方地域にも共通するだろうし、海を隔てた周縁の島々にも該当する。大島をふくめ為朝が配流された伊豆諸島は、その限りでは辺境・周縁・異域という語でくくられる世界だった。少なくとも当時の都の貴族たちの意識では、そう観念されていた。

中世を通じ孤島や流刑地への心象風景は、文明と文化から隔絶された異域のイメージを定着させた。為朝がその異域とされた地に配流されたとき、豪勇の武人たる異才の持ち主への畏敬が加わり、伝説を誕生させたのだろう。鬼ヶ島渡海の伝説は、この異域の空間に悲劇の英雄が投じられるという舞台設定によって、伝説の感化力を倍加させたにちがいない。

古活字本『保元物語』での鬼ヶ島征伐譚は、中世末~近世初頭の鬼ヶ島イメージを代弁したものといえる。もっともその原風景は、『平家物語』に見られた。例の俊寛が配流された鬼界ヶ島の描写がそれだ。治承元年（一一七七）の鹿《しし》ヶ谷《だに》の陰謀事件で平氏打倒をもくろみ、薩摩《さつま》潟《がた》の南方鬼界ヶ島へと配流された事件を、くどくど述べる必要もあるまい。これまた格好の伝説の材とされてきたものだろう。

「をのづから人はあれども、此土の人にも似ず。色黒うして牛の如し。身には頻《しきり》に毛おひつゝ、云詞《いうことば》も聞しらず。男は烏帽子《えぼし》もせず、女は髪もさげざりけり」（巻二「大納言死去」）との表現は、前記の古活字本のそれと通底していよう。鬼界ヶ島が異域的周縁世界であるとの証拠は、右に引用した文中にあるように、中華意識にもとづく王朝貴族の秩序観とは逆の世界を現出した空間であったことによる。

例えば色彩でいえば、白の対極としての黒のイメージがそれだろう。〝黒山〟なり〝黒船〟が有した未知の世界を語る色合いが、そこには指摘されている。そして何よりも儀礼秩序を象徴化した頭髪が、この鬼界ヶ島では逆だった。「男は烏帽子もせず、女は髪もさげざりけり」の表現が語るように、男の露頭《ろとう》（烏帽子を着さない）と女の結い上げは、王朝的儀礼の観念からは逆だった。この反転の描写は、王化に浴さぬ化外観を植えつける格好の表現ということになろう。ここで想起していただきたい。古活字本の描写で為朝と問答をかわした例の鬼の子孫が、大童《おおわらわ》姿（乱髪）で登場していたことを。要は色・服装・頭髪などに示されている日常的な儀礼秩序が、非日常的な反転の世界として認識される時空、これが異域ということになる。

これこそ中世を通じ、つみ重ねられてきた異域への心象だった。このことは伊豆諸島の鬼ヶ島であろうと、薩摩潟の鬼界ヶ島であろうと、同一位相に位置する周縁世界であることにかわりはなかった。

もう一つの「征伐」の記憶

同一の位相ということは、伝説の拡散過程で二つの鬼ヶ島が混同されることも、あり得るということだろう。『平家物語』で俊寛が配流された鬼界ヶ島の話もその一つだろう。この島については、頼朝の時代に天野《あまの》藤内遠景《とうないとおかげ》が平氏残党の征伐をおこなったことでも知られている（『吾妻鏡』文治三年九月二十二日条）。ちなみに鬼界ヶ島と平氏との関係は清盛時代にさかのぼる。

鎮西《ちんぜい》平氏として知られる阿多《あた》（阿蘇）権守忠景《ごんのかみただかげ》は、在地武士の棟梁的存在だった。『保元物語』には、その忠景が為朝を女婿《むすめむこ》としたとある。彼の勢力は海を介して、鬼界ヶ島方面にもおよんだと想像される。為朝が保元の合戦に敗北したことで、舅である忠景も平清盛から追討されることになる。興味深いことは、忠景が平家の侍平家貞《いえさだ》の追討をのがれ、例の鬼界ヶ島へと逃亡している点だ。期せずして、大島方面には為朝が配流となっていた。この両人を結びつける伝説としての記憶が海であり、そして島であったことはおもしろい。

為朝が伊豆諸島から琉球入りしたとの話は、この阿多氏の勢力範囲に琉球をふくめた南海世界が組み込まれていたことを予想させる。後に指摘するが、近世における地誌その他の書物が、為朝の琉球入りを紹介しているのは、こうした背景があった。

この点を早く指摘したのは、戦前の実証史家大森金五郎（『武家時代之研究』巻一　冨山房）だった。大森は同書のなかで、琉球に伝えられた祭祀歌謡「おもろ」を紹介しつつ、為朝の琉球入りの伝説にふれている。〝孫引き〟を承知のうえで参考までに引用しておく。

〔おもろの文句〕

せりかくの　のろの、　　せりかく（地名）の　のろ（祭祀を司る女）の
あけしの　のろの、　　あけし（地名）の　のろの
あまくれ　おろちへ、　　雨雲を祈り降ろして
よろい　ぬらちへ、　　鎧をぬらして
うんてん　つけて、　　運天港につけて
こみなと　つけて、　　小港につけて
かつおうたけ　さがる、　　勝宇嶽の上にさがれる
あまくれおろちへ、

『絵本 武勇伝』為朝、渡海の場面（鶴見大学所蔵）

よろいぬらちへ、
やまとのいくさ、　（大和の戦）
やしろのいくさ。　（山城の戦）

大意はつぎのとおり。一隊の鎧武者が運天の港に上陸した。勝宇嶽の上には雨雲が横たわっている。せりかくののろ、あけしののろが、その雨雲を乞いおろして、武者の鎧をぬらした。聞けば、その本国なる大和・山城は今いくさの世の中である（大森訳）。

この歌謡について、大森が「文が古朴で彼の保元の乱後、為朝の琉球入りを彷彿せしめるものがある」と指摘していることは、為朝伝説を考えるうえで興味深い。ただしこの「おもろ」を為朝伝説に直結することは、やはり慎むべきだろう。仮にいえるとすれば、例の「征伐」の対象とされた平氏の残党もふくめ、海賊武者などの記憶が民謡化されたと解する方が妥当だろう。いずれにしても為朝の琉球入り伝説には、敗れし者への共感が反映されていることは疑いなかろう。

それでは、馬琴が『椿説弓張月』の世界で構想した為朝の琉球入りについては、文献的にどのくらいまでさかのぼることができるのか。前述したように中世の段階にはその証拠はない。例えば「大海の流れに随ひて求め、出されし国」との意から琉球の語源を説く（『国朝旧章録』八）などは、琉球と為朝との伝説が流布したことで登場したものだろう。

琉球入り伝説は近世に属する。水戸藩の『大日本史』（「琉球伝」）には「為朝の子孫、琉球を王するは、けだしまた誣《ふ》すなり」とも記し、いちおう為朝の琉球入りに疑問の立場をとっている。ただし、為朝と琉球が論議されていることは、重要といわねばならない。そもそも伝説としてのルーツが実録的に確認できるのは、慶安三年（一六五〇）の『中山世鑑《ちゆうざんせいかん》』である。この書は琉球の学者向　象賢《しようしようけん》（羽地朝秀《はねじちようしゆう》）の著したもので、『中山伝信録《ちゆうざんでんしんろく》』など近世の史書には、多く引用されている。そこには「舜天王《しゆんてんおう》の姓は源、尊敦《そんとん》と号し、父は鎮西八郎為朝公、母は大里按司《おおざとあんじ》妹」（原漢文）と見える。さらにさかのぼるならば、近世初頭の慶長十年（一六〇五）に袋中《たいちゆう》上人《しようにん》の著した『琉　球神道記《りゆうきゆうしんとうき》』（第三巻「波の上示現の事の条」）に、「中《ナカゴロ》　鎮西八郎為伴（為朝）此国に来り、逆賊を威して今鬼仁《ナキジン》より飛礫なす云々」とある。

この慶長年間には『南浦文集《なんぽぶんしゆう》』（文之玄昌《ぶんしげんしよう》著）にも「日本人王五十六代清和天王之孫……王

朝源家之曩祖《のうそ》」とあり、鎮西将軍たる為朝が遠航し琉球をみつけたことが記されている。

以上、文献的に為朝と琉球の関係が確認できるのは、近世初頭あたりということだろうか。馬琴の『椿説弓張月』での着想の原点も、こうした江戸期の為朝伝説の広がりを前提としたものといえよう。馬琴の為朝像はその意味で、かつて点あるいは線として存在していた伝説の記憶を面へと拡大し、庶民意識に浸透させるうえでそれなりの役割を有した。

琉球の発見

日本国を軸にした場合、南方の琉球はどう認識されていたか。広く異域と表現されているものの、王化主義の建前からは多分に次元を異にした地域とされた。『曾我物語』に登場する安達藤九郎盛長の夢が、この点で一つの参考になろう。陸奥外ヶ浜から南の鬼界ヶ島を頼朝が両足で踏んでいるという話だ。たしかに、ここには、頼朝の日本国統一談が象徴的に読みこまれている。そこでは外ヶ浜と鬼界ヶ島が日本国の最遠地域とされている。どうやら中世にあっては琉球も、そして北の蝦夷地もともに日本国の外に位置する世界であったようだ。その点では近世そして近代は、琉球を〝発見〟した時代だったともいえる。

薩摩島津氏による琉球の服属化、さらに江戸幕府による謝恩使《しゃおんし》、そして近代明治国家の琉球処分という流れをみれば、このことは明白だろう。琉球への射程は為朝を組み込む形で、日本化の対象として位置づけられていた、との皮肉な見方もできる。

このあたりは、馬琴が右の問題に意識的に対応しているか、とは別のことに属するかもしれない。この点で次に紹介する近代の在野史家山路愛山《やまじあいざん》のことばは興味深い。「夫《そ》れ曲亭氏《きょくていし》が弓張月を書き始めたる文化三年と云ふ年は、果して是れ何等の時ぞ」と問い、それを「我等は日本が始めて自己の位置を醒覚《せいかく》し、日本橋下の水が直に五大洲に連なることを痛切に知り得たる時なるを知る」（『為朝論』新潮社　大正二年）と論じていることが参考となろう。

年表風にいえば、江戸の日本橋から境なしの水路たることを自覚し、国防の急務を説いた林子平《はやししへい》の『海国兵談《かいこくへいだん》』が発禁とされたのが、その十数年前の寛政四年（一七九二）のことだった。この年、ロシア使節ラクスマン来航という事態のなかで、松平定信の海辺警備策が強化される。その数年後には、英人ブロートンが海図製作のため室蘭に来航。北方警備がさけばれるなか、寛政十年には蝦夷地巡見がなされる。かくして同十二年には伊能忠敬《いのうただたか》による蝦夷地測量とつづき、さらに米・英・露などの通商船の出没ということになる。

愛山が指摘するように、馬琴が為朝の琉球入り伝説を小説化したこの時期は、まさしく海防問題が、朝野をあげてかまびすしい時代だった。「弓張月は実に時代の産物にして、始めて世界の形勢に眼を開きたる日本人民の胆気と遠略とを画《えが》かんとして、為朝てふ一個の英雄を借り来りたるものなるを知らん」とは、為朝の琉球伝説との関係を見事にいい当てたものだろう。愛山の右のことばを補助線とすることで、日本にとっての琉球の〝発見〟の意味も明確となるはずだ。

近世は明らかに、琉球をその領域版図の射程に入れた時代だった。伝説のなかに位置した中世の鬼界ヶ島は、為朝を介することで自己を膨張させた。伝説の肥大化は、馬琴という名手を得たことで自由に奔放に、そして好むと好まざるとにかかわらず、庶民の歴史意識を規定した。〝為朝を介して成立した琉球〟、むろんこれがフィクションであることを知りつつ、虚構がもたらす真実味が植えつけられた。近代明治国家にもそんな意識が延長されている。「為朝勇武絶倫、幼ニシテ鎮西ニアリ、年十五ニシテ九州ヲ攻掠《こうりやく》シ、自《みずから》鎮西八郎ト称ス、其ノ伊豆ノ大島ニ流サル、ヤ、威ヲ以テ近傍ノ諸島ヲ服ス、後琉球ニ入ル、其ノ子舜天王琉球中興ノ祖トナルトイフ」、これは明治二十年発行の『小学校用　歴史』（普及舎刊）の教科書だ。検定制度下のものだが、伝説と史実の混入はまぬかれないだろう。この場合の伝説とは馬琴風味のそれだった。その限りでは風聞的要素が色濃い本来の伝説とは趣を異にするわけで、それだけに教科書作者の意志、意図が看取できる。

ここでの目的は馬琴をはじめ、これを利用した近代の史家たちを誹謗しようとするものではない。つまりは琉球への組みこみを、伝説に求めることへの〝後ろめたさ〟を感ぜずともよかった時代の意識を、指摘したかったまでだ。ついでながらいえば、国定教科書時代（明治三十年後半から昭和二十年初頭）には、為朝の琉球入り伝説は姿を消す。もう少し史実に忠実な歴史像が提供されるようになる。国定教科書悪者論を全面的に信用している方々には、残念だろうが、以前にもふれたように国定期の方が史実と伝説への峻別がきびしい。教科書談義をすれば尽きないが、ともかくは為朝伝説は、近世そして近代にいたって琉球を射程にいれることで、活況を呈したことは否めない。

「異域の射程」というテーマで、為朝伝説がもたらしたものは何かをさぐってきた。そこでは伝説として復活した為朝、あるいは復活させられた為朝が担わされた役割にも、思いを致すことが必要だろう。琉球の〝発見〟は同時に近代の発見だった。記憶としての伝説を背景に、中世の武人為朝を介し、琉球は発見されたのだ。歴史への因縁のつけ方という点では、近世そして近代は同時に日本を〝発見〟した時代でもあった。水平思考による他者（世界）へのまなざしが成熟すれば、垂直思考のなかで歴史への掘り起こしも必然化する。学問としての日本学（国学）の勃興が、幕末の大きな潮流になったと同時に、この視線の下方に中世という時代が意識化されることになる。

前述した『椿説弓張月』出版の時期の日本周辺のあわただしさは、やはり近代への胎動を予想させるものがあろう。伝説から抽出された虚構を〝らしく〟見せることで、人々に共感を与える馬琴の筆力を是としつつも、これが生み出すであろう負のベクトルにも留意が必要かもしれない。馬琴が意図した、敗者を復活させることで歴史の正当性を問う姿勢が、小説的世界に封印されている限りは、問題はない。しかしこれが融け出し、いつしか歴史観に混入されるという事態は、やはり黄色信号のはずだ。

このことをさらに確認するために、今度は射程を北方世界に向けて考えたい。伝説の素材はこれまた庶民のヒーローとして知られる義経である。

南から北へ、『義経磐石伝』の世界

為朝伝説が南海・琉球と同居していたとすれば、義経は北海・蝦夷地とともにあった。それぞれに海を介しての英雄渡海譚としての一面も有している。中世の武人たちが南と北の世界に伝説の足跡を残しているのも、奇しき因縁というべきか。

「異域の射程」というテーマでいえば、義経の北方伝説もそうだった。版図《はんと》の拡大に混入された、伝説の創造という重しである。始末に悪いのは伝説が庶民の夢と癒着していることだろう。義経伝説はその典型でもある。判官贔屓のことば通り、この小さな巨人への哀惜《あいせき》は時代を超えて人々を魅了した。

義経のおもしろさは実像と虚像の距離の大きさだろう。たしかに虚像は伝説にくるまれることで肥大化していった。奥州・蝦夷地・樺太、そして満州・蒙古と、その膨張の過程は時代とともに、海を越え外へと拡大した。われわれはまずこの義経伝説の拡散過程に焦点をすえることからはじめよう。

『義経磐石伝《ばんじやくでん》』（天明三年著、文化三年刊）という書物がある。馬琴の作品と同じく江戸期の読本に属するものだ。作者の都賀庭鐘《つがていしよう》は、この史伝小説に論賛《ろんさん》形式を取り入れた。つまりは司馬遷《しばせん》の『史記』の形式である。異端者へのまなざしがあふれている。不遇な人物への再

『絵本 武勇伝』の弁慶と牛若丸（鶴見大学所蔵）

評価、過酷な歴史への反駁、そうした意志が庭鐘の作品の底流にある。史実からの解放は、時として歴史の改変や捏造《ねつぞう》をもたらすことになる。そんなことは百も承知のうえで、伝説に沈潜することで伝説を超えた義経像を提供しようとした。そんな思いが『磐石伝』にはしみ込んでいる（書名については、石に始まり石に終わる、との庭鐘のことばどおり、義経の母常盤《ときわ》が祈願したという鏡石の縁で全体を構想したところに由来する）。

「事に臨みて逼《せま》りたる心ざまは思ひやるちまた外なるまじく、それを文の詞に伝へて」とは、『磐石伝』が語る跋文の表現だが、緊迫した状況下での心情を普遍化するための手段として「文の詞」（文学）を自覚的に位置づけるあたりは、や

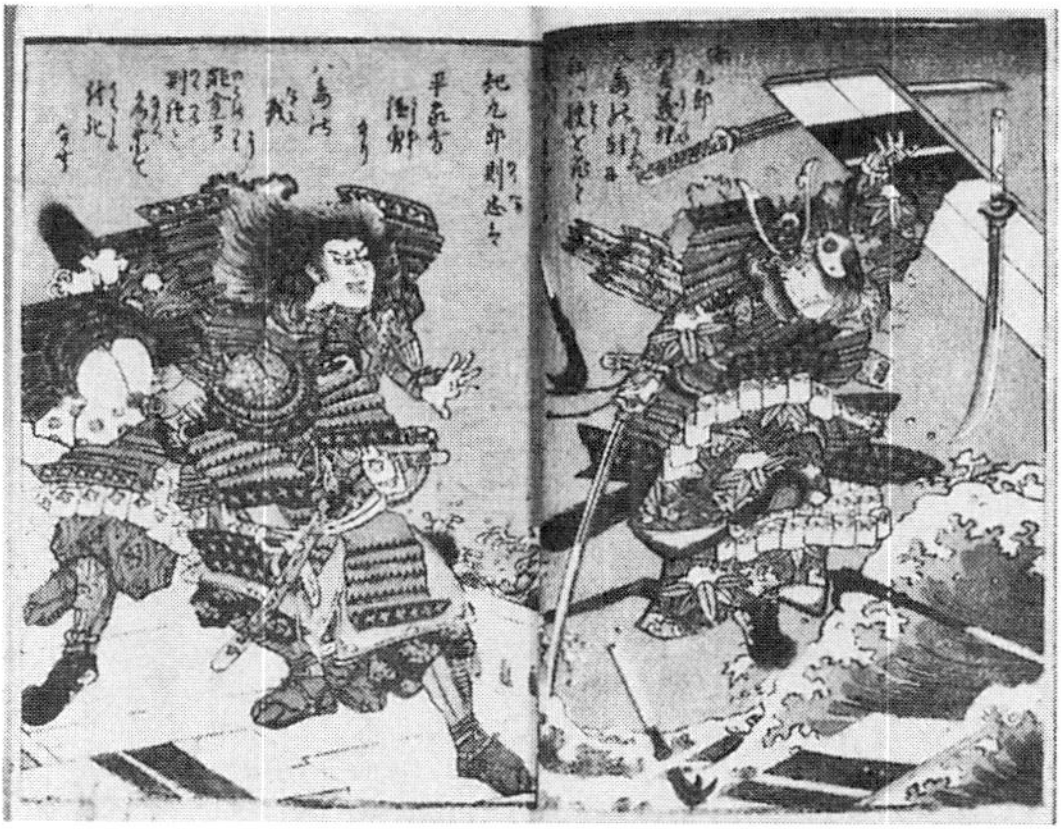

『絵本 武勇伝』義経、壇ノ浦合戦の場面（鶴見大学所蔵）

はり江戸の時代の臭いがする。

それはともかく、この『磐石伝』の世界では、衣川で討死したはずの義経は、「空太」（樺太）へと渡ったことになっている。さらに満州へと渡り、靺鞨《まっかつ》を降伏させ宋の国難を救い、清和国を建てるという設定だ（巻之六下「楮造《はりこ》の像に怪あり岩塚に鎮す。義経宋国に至て胡王となる事」）。渡海した義経が胡人の国に至り王となる。むろん空想の産物だが、これを生み出す素地はあった。

馬場《ばば》信意《のぶのり》の『義経勲功記《よしつねくんこうき》』（正徳二年）がそれである。「去る程に伊予守義経は衣川を遁れ出、事ゆゑなく蝦夷に渡海し玉《たま》ひ、威《おど》すに武を以てせられしかば島中の者共悉《ことごと》く怖れをののき帰伏して端蝦夷奥蝦夷共に尊敬すること大方ならず。……義経は島の王となり給ふのみにあらず、限りなき長寿を保ち玉ひ、殊に子孫永く蝦夷の棟梁と成り玉ふ」と。

義経入夷伝説ともいうべきものだ。〝伝説のつつしみ〟という点では、江戸前期はまだその枠内にあった。義経は蝦夷地（北海道）にとどまっていた。

タガが外れたのは、やはり近世も後期にはいってからだろう。義経は津軽海峡どころか、宗谷海峡をへて、大陸へと渡ってしまう。すでに紹介した『磐石伝』での義経は、この入満伝説を小説風に仕立てたものだった。例えば洛下隠士《らっかいんし》（加藤謙斎《かとうけんさい》）の『鎌倉実記《かまくらじつき》』（享保二年）や津軽藩の『津軽一統志《つがるいっとうし》』（享保十六年）などは、義経の入満説を記した早いものだ。とりわけ十八世紀末の天明・寛政期には、義経の入夷伝説ともどもこの入満伝説が流布する。

為朝の琉球伝説でもふれたように、この時期は海防意識が活況を呈する段階だった。日本が他者を意識する時代が到来したのだろう。海禁というアジア的システムが揺らぎ始めたその時期に、伝説の義経も海を渡ることになる。歴史的文脈でいえば義経の大陸への飛翔は、こうした点と無縁ではなかったはずだ。

再び異域について

おそらくこの問題は、異域の終焉《しゅうえん》ということにも関連するのだろう。蝦夷地が国家の射程に組みこまれる過程で、異域は消滅した。別のいい方をすれば、異域の内国化だ。異域とは、広義には地理的水平軸での視点から、内外を区別する用語だ。ただし狭くは、こうした地域や民族のみではなく、「礼」という多分に儒教的な文化・道徳の基準にもとづく理念だろう。その意味では華夷思想や王化思想と同居している。

前者の華夷思想には儒教の「礼」観念による分別の論理が、そして後者には結合の論理が反映しているとされる。この分別と結合の在り方は時代によっても異なるが、つねに二つの契機は同時に併存していることを確認すべきだろう。それゆえに異域の語感には、これを内在化（領域化）する方向と、これを外国化し自他を区別するという方向があったことになる。

煎じ詰めるならば、異域の境界は伸び縮みする。例えば陸奥外ヶ浜と蝦夷島の両者、鬼界ヶ島と琉球の両者には、異域と非異域の両属性が随伴していた。だからこの両属性は、隣接地域との交流・交易が深まる近世には、かつて中世の人々が蝦夷地にいだいていた以上に、蝦夷地への異域観は少なくなる。内国化への進展とはそういう問題がふくまれている。

近世江戸期は列島の日本各地で、独自の歴史が形成されていた。幕藩制国家とは、藩という地域的社会を幕府という高次のレベルで包括するための概念だった。分権制にはらまれた集権の契機を広域的規模で表現するための呼称でもある。異域の消滅は近代が胎動するなかで、中華的価値理念から解放され始めた証だった。

華夷の序列観念は、松前口と薩摩口を通して接続された蝦夷と琉球への関心にともない喪失したようだ。小中華主義に立脚した日本国の異域観とは、文化練度の高みという多分に抽象的要素を指標として、成り立っていた。そこには地域的偏差による差別が前提にあった。それゆえに経済的水位が均一化し、全国レベルでの市場経済圏が確立する近世社会にあっては、従来の異域観念は、その意義を失うことになる。

よりわかりやすくいえば、米による全国の通分化はその好例だろう。つまり経済が政治に優位する時代の到来だった。近世の幕藩制国家での蝦夷や琉球への関心は、その意味で内国化の契機として存在しつづけた。

しかしである。それはあくまで契機であった。だいたい松前藩は「石《こく》なし大名」ともいわれたように、海産物をふくめ別立ての年貢システムだった。これは米が生産できなかったことにもよるが、蝦夷地そのものが異域と観念されていたためだ。日本国であることの証明とは、幕藩制の下では、つねに米の石高であった。それは、山村、原野、畑もふくめ非水田耕作地帯であっても、例外なく石高が基準とされた。

以上の諸点から、同じ異域と表現されるものでも、近世のそれは浄穢《じょうえ》の構造を前提とする中世とは意味がちがうといえよう。これまで、伝説としての義経が渡海する歴史意識の深層を探るために、近世における異域の観念について話を展開した。話が少しく飛散したが義経伝説にもどすと、蝦夷地を離れ大陸へと渡る段階は、実態としての内国化が成熟する近世後期であったのも偶然ではない。その意味で、義経もまた異域を喪失させるためのパイオニアとして存在した。

すでにふれたが、義経の入夷伝説が広がる前提には、たしかに蝦夷地への広汎なる関心があった。中世以来、異域の象徴として語られてきた北の世界は、近世には松前藩を介し交易圏内に位置づけられていた。義経が伝説として津軽海峡を渡ったのも、右のような蝦夷地への強烈な関心を予想させる。入夷伝説が登場する寛文年間（一六六一〜七三）は、シャクシャインの蜂起などもあり、蝦夷地への関心がとみに高まり伝説形成の温床となったようだ。また蝦夷地への漂流民がもたらす伝聞を記録した出版物などからの情報も、これに寄与した。

それは義経は衣川から脱し、弁慶ともども北海道へと渡り、アイヌの首長となったというものだ。『蝦夷島漂流記《えぞしまひょうりゅうき》』をはじめ、『蝦夷談筆記《えぞだんひっき》』『蝦夷随筆《えぞずいひつ》』『北海筆記《ほっかいひっき》』『渡島筆記《わたりしまひっき》』など、蝦夷地を紹介した随筆・解説には、義経とアイヌの関係が多く指摘されている。

江戸の歴史家たちも、義経伝説には関心をもっていた。林羅山・林鵞峰の『本朝通鑑《ほんちょうつがん》』（寛文十年）は、「或は曰《い》ふ。衣河之役義経死せず、逃れて蝦夷島に至る。其の遺種今に存す」と付記する。新井《あらい》白石《はくせき》の『蝦夷志《えぞし》』（享保五年）でも、「アイヌは飲食の時之《これ》を祝してヲキクルミと伝ふ。之を問へば則ち判官と曰ふ」と述べている。さらに水戸藩の『大日本史』（「義経伝」）でさえ、「世に伝ふ、義経衣川館に死せず、遁れて蝦夷に至る」「今に至りて夷人義経を祟し奉る。祈りて之を神とす。蓋《けだ》し或いは其の故あるなり」と、論じている。

これらの著名な史書が、こぞって義経の蝦夷伝説にふれていることはやはり興味深い。もっともそれは俗説の存在の紹介であり、これを史実とみなしての議論というわけではない。それにしても、本格的史書において入夷の話が紹介されているのは重要だろう。それだけに北方世界と義経のつながりの深さが確認できる。

『御曹子島渡り』が語るもの

それでは、こうした伝説の源流はどこにあったのか。伝説の祖型はやはり中世ということになりそうだ。室町期に創作された『御曹子島渡り《おんぞうししまわた》』は、その点で近世的な義経伝説の直接の前提となるものだろう。御伽草子の世界に属するこの話は、さかのぼれば『義経記』が下敷きにある。そしてさらなる記憶の下敷きには、『源平盛衰記』『平家物語』『平治物語』がある。だが、当面の関心は義経伝説のすべてを紹介することではない。それこそ射程の外だ。あくまで主題の異域論にからめた形からの義経論ということになる。為朝の場合と同様、これもまた海の問題をぬきにしては語れない。

義経を主人公とした異域歴訪譚、これが『御曹子島渡り』の世界である。御曹子（＝義経）が不思議な島々をめぐり、蝦夷が島へと渡り、鬼の大王が秘蔵する兵法書の力で、源氏の世を創生する話だ。まずはあらすじを紹介しよう。①御曹子の蝦夷が島到着までの冒険譚、②鬼の大王のもとで大日の兵法を習得する場面、③蝦夷が島を離脱し、兵法の威力による日本国の平定までという、大きく三つに分けることができる。

①では奥州の藤原秀衡《ひでひら》のもとにいた御曹子は、日本国は神国のため武士の手柄以上に、北方の千島・蝦夷が島の「かねひら大王」が所持する兵法書の入手が必要との秀衡の意見にしたがい、これを求めるため「四国のとさ湊」から船出する。「こんろが島、大手島、猫島、犬島、松島、牛人島、おかの島、とと島、かふと島、竹島、もろが島、ゆみ島、鬼界が島、蛭が島」を通過し、七十五日をついやし、上半身が馬の姿をした「馬人島」に到着、そこから八十日を航海し「裸島」に、さらに七十二日にして、女ばかりの「女護が島」に、三十余日目には背丈一尺二寸の住人たちの「菩薩島」に、そしてその九十五日目に「蝦夷が島」に到着する。とうとう最後には「千島」の都「喜見城」へたどり着く。この間、幾多の苦難に遭遇するが、所持した相伝の笛「たいとう丸」の霊験ある調べで難をのがれるというものだ。

②は千島の都に入った御曹子が、神仏の霊験と「たいとう丸」の力で、鬼たちを魅了し、大王との面会がかない、「大日の兵法」伝授を要請する場面だ。毘沙門天の化身でもある御曹子は、特別に師弟の契りがゆるされることになり、「りんしゆの法」「かすみの法」「こたかの法」「きりの法」「雲居に飛び去る鳥の法」などが伝えられたが、大王は奥義の伝授については拒否する。思案にくれる御曹子は、おりしも酒宴に同席していた大王の娘「あさひ天

女」に出会い、その美しさに心を奪われ、契りを結ぶことになる。やがて御曹子は兵法伝授への想いを天女に伝える。天女は思い悩んだ末に父の命令に背き秘伝の兵法を見せ、そのために御曹子に危難が及ぶことを恐れた天女は、脱出を勧める。

③では、御曹子は天女に自分と同道することを勧めるが、天女はこれを拒み、名残りに大王の追手《おって》からのがれるための兵法の威徳を伝授して、御曹子を救おうとする。御曹子追跡の命をうけた鬼たちは、「てんくわの棒」に「付子《ぶす》の矢」をはめ、「浮履《うきぐつ》」で追ってきたが、「塩山の法」でこれを防ぎ、さらに「早風の法」をおこない、往路四百三十余日のところを、七十五日で「とさ湊」に帰り着く。かくして奥州にもどった御曹子は秀衡に事の次第を報じ、源氏の世を創生する。他方、裏切った天女は父に殺されるが、御曹子の枕上に天女が現れ、「二世《にせ》の契り」の尊さを伝える。この天女の本地は江の島の弁財天であり、源氏の世にするために鬼の娘と生まれかわったのだという。

以上が〝おとぎ話〟の概要である。そこにはおとぎの国での夢物語の世界も見え隠れしている。不思議な島を巡り（異域・異界への巡歴）、兵法書をわが手に収めるまでの冒険譚、そして恋の物語と、魅力ある話題であふれている。御伽草子というジャンルが、おしなべて富を手中にし、高貴な女性をわが物とするモチーフを前提とするように、ここでは天下（源氏の世の創出）が、富の代わりをしている。恋なり愛なりに関していえば、他の御伽草子類と大同小異だろう（ただし『文正草子』や『ものぐさ太郎』などのように、身分の低い男が立身出世し、都の姫君を妻とするという上昇志向型の話もある）。

それはそれだとしたうえで、次のことは歴史学に接続できるテーマとして、たしかめておきたい。例えば、義経＝御曹子と朝日天女との関係だ。ここには夫婦＝二世《にせ》（現世《げんせ》、来世《らいせ》）の契りとして登場する。夫婦関係が、親子＝一世《いっせ》（現世）の契りよりも優先された形で登場していることは興味深い。天女が父の大王を裏切り、二世を契る夫の御曹子の側に助力する場面、これは〝らしさ〟の点では、多分に中世のものだろう。同時にそれは大王との間の師弟の盟約（主従関係という三世《さんぜ》の契り）を超えるものとして登場している。むろんこれは物語的世界での兵法伝授の方策ではあるが、義経を介し体現される御伽草子的中世の一端を、垣間見ることもできよう。少なくとも親子あるいは師弟（君臣）に比重が置かれた近世的なそれとは、いささか事情が異なるようだ。

ついでながら、「蝦夷が千島王」からの兵法伝授のくだりは、『義経記』にそのモチーフがあるようだ。義経伝説の宝庫でもあった『義経記』では、奥州の秀衡のもとを辞し京都に入った義経が、陰陽師《おんみょうじ》の鬼一法眼《きいちほうげん》のところに赴き、兵法伝授を受ける。一条堀河に住む鬼一法眼が秘蔵していた兵書の『六韜《りくとう》』を、法眼の娘の手引きで写しとるとのストーリーに同一性を確認できるだろう。一方は京都堀河一条戻橋、他方は蝦夷が島という、ともに鬼のイメージを産出する場が選択され、登場していることはおもしろい。日本国のなかに位置するそれぞれの因縁世界に共通する異域性が、鬼の世界で結合している点は留意されてよい。

それにしても『御曹子島渡り』の世界が、『義経記』とは別に蝦夷地という北方を視野に入れていることは、伝説の時代的広がりを見据えるうえで、重要となる。

十三湊について

義経伝説が展開する場は〝北〟の世界だった。それは〝海〟を介して拡大した。その源流にはやはり御伽草子での義経のストーリーがあった。海といえば御曹子が蝦夷が千島へと渡るときの出発点、これが「とさの湊」であるのは興味深い。中世的世界に接し得るキーワードだ。「音に聞きし、わが朝四国とさの湊」とあるのがそれだ。「これは北国、又は高麗の船も御入り候」と船頭が語るほどに殷賑《いんしん》をきわめた湊、これが「とさの湊」、すなわち十三湊だった。

この地については、津軽の十三湊ではなく、『御曹子島渡り』に表記されているとおり、四国の土佐と解すべきとの考え方もある。むろん、これは作品のなかでの巡歴する島々や日数を考慮に入れてのことだろうが……。〝おとぎ話〟的世界での設定ということからすれば、津軽十三湊と解した方が中世の伝説的場面には合致する。確証はない。確証がない分、一般の理解にしたがって論をすすめたい。その方が本書の論のすすめ方のうえでも幅が出るからだ。ともかくここでは、津軽の十三湊とすることで以下の話をすすめよう。

ここは北陸と蝦夷島を結ぶ航路の中継地であり、高麗船のような外国船が出入りする港だった。「夷船、京船群集し、舳先《へさき》を並べ艫《とも》を調へ、湊《みなと》は市をなす」とは、『十三往来』が語る描写だが、『御曹子島渡り』での表現とも重なるものがあろう。地域の自己主張という意味では、十三湊はやはり中世の時代だった。この地は古代でもなく、近世でもなく、中世の時代に地域としての輝きを発揚した場だった。御伽草子が語る「とさ湊」はその反映と解すべきなのだろう。

ところで十三湊がたしかな史料に登場するのは、鎌倉末期の『新渡戸文書《にとべもんじょ》』に見える安藤《あんどう》宗季《むねすえ》譲状だとされる。この安藤（東）氏は前九年合戦で知られる安倍貞任の流れに属し、『保暦間記』その他の記事によれば、北条義時に仕え「蝦夷管領《えぞかんれい》」に任命された人物だった。安藤氏は「蝦夷管領」という職務を介し、蝦夷島との交易、さらには犯罪人や流刑人の沙汰を執行していたといわれる。安藤氏のこうした交易活動のターミナル、それが十三湊だった。この安藤氏は例の「安日王」伝説の当事者としても知られる。「日本将軍《ひのもと》」「日下将軍」の名を有した同氏の活動の広がりに、あらためて注目すべきだろう。

義経伝説が海を介し北方への広がりを持つとすれば、『御曹子島渡り』に語られる十三湊の問題は、中世から近世にかけての国家を考えるうえで、種々の材料を提供するものだろう。中世における日本海交易圏の問題もその一つだ。『島渡り』に登場する「蝦夷が島」あるいは「蝦夷が千島」は明らかに、日本国の版図外に位置づけられていた。政治的領域とは別の次元で存在する交易的通商圏、十三湊はそうした拠点の一つだった。その支配者が安藤氏だ。

義経の北方伝説には、そんな中世の記憶があったに相違ない。日本国とは異質な原理に支えられた異域の描写は、多分に仏教的な地獄・鬼神像の投影だとしても、蝦夷地との流通・交易をふまえての記述である点は、動かしがたい。そうした歴史の〝記憶〞の一つとして、あるいは「夷千島王《えぞがちしまおう》」のような存在も想定されるかもしれない。

一四八二年四月朝鮮国王のもとに、「大蔵経《だいぞうきよう》」の下賜を願う「夷千島王」の使者の記録が確認される。『李朝実録《りちようじつろく》』(『中国・朝鮮の史籍における 日本史料集成』所収、国書刊行会)に載せるこの記述は、「南閻浮州東海路夷千島王遐叉、呈上朝鮮殿下」(仏法での小さな世界「南閻浮州《なんえんぶしゆう》」の東海路の夷千島王遐叉《えぞがちしまおうかしや》が、朝鮮殿下に呈したてまつります)との書き出しではじまる。

ここには、「夷千島王」が「扶桑《ふそう》」すなわち日本との「通和」で仏法を知り、仏像や経巻を求めたが、「大蔵経」は入手しがたく、これがために日本に仏法を伝えた朝鮮に、その下賜を要請したとある。日本とは別の主権者(夷千島王遐叉)が朝鮮との交渉に当たっていることが読み取れ、十五世紀の対外事情を知ることができる。

先述来の指摘でいえば、中世における分権的支配システムは海を介することで国境を広げたようだ。その意味で〝人の境界〞(交易圏)と、〝国の境界〞は、必ずしも一致させる必要はなかったのではないか。海は交易を介し、人と結合させ、時として国境をなしくずしにする。中世はそんな海の時代でもあった。「夷千島王」はこうした時代に対応した北の地域領主だったとの見方もある。

　この「夷千島王」が誰であるのか、諸説が提起されている。安藤氏に比定する見解もあれば、コシャマインに当てる理解もある。この点はしばらくおくとしても、『御曹子島渡り』に登場する「蝦夷が千島王」には、北方へのかかわりとして、朝鮮国へ使者を派したあの「夷千島王遐叉」のようなイメージがあったのかもしれない。

蝦夷とは何か

　義経の入夷伝説に関連して話題が広がっている。さらにその裾野を耕しておきたい。そこであらためて、「蝦夷とは何か」という設問だ。規定はいろいろだが、浄穢《じょうえ》の構造を軸に展開される北方の異域とその住人の呼称とでも表現すれば、ストライクゾーンぎりぎりか。蝦夷（地）＝北海道という認識は、近世の幕藩体制とのかかわりにおいて確立した。擬制も実態も民族論（アイヌ）と不即不離の関係で、江戸期には蝦夷あるいは蝦夷地が語られる。入夷伝説がすぐれて近世的所産であることの意味は、こうした事情から理解されるはずだ。

　問題は中世の時代の蝦夷の観念である。以下は義経伝説からいささか遠くなるのを覚悟でつづけたい。エビス・エミシ・エゾには、夷なり蝦夷の表記が当てられてきた。中世にはエゾ＝蝦夷の呼称が一般化するようになる。その場合、蝦夷（エゾ）の観念には、浄穢の意識が地域にも人間にも濃厚だった。中世文学上での日本国の東の境は陸奥国の外ヶ浜であり、その先は境外とされていた。蝦夷の地は中世において東端の一画を構成していたわけで、内国・外国（異域）の両義性を有していた。

ちなみに十世紀初頭の成立とされる『延喜式《えんぎしき》』（巻十六）には、日本の「四方之境」として、「東方陸奥、西方遠値嘉、南方土佐、北方佐渡」と四至が語られている。その四至について『北条五代記《ほうじょうごだいき》（五）』（寛永十八年〈一六四一〉刊）では、清盛・頼朝時代の流罪地として「西は鎮西鬼界が島、北は佐渡が島、東は夷が島、南は伊豆の大島」があげられており、古代や中世の国家的四至（領域）の目安とされる。ともかく蝦夷ヶ島についていえば、まさに周縁世界に接続する〝内なる外〟と〝外なる内〟の両義的性格を有していた。それゆえに流刑地の対象とされた。監視しつつ、隔絶・絶縁すべき世界、中世の国家と民衆が共有した蝦夷観はそうしたものだった。

ここで参考となるのが、十四世紀半ばの成立とされる『諏訪大明神絵詞《すわだいみょうじんえことば》』や『聖徳太子絵《しょうとくたいしえ》伝《でん》』の北方世界の描写だろう。前者は蝦夷の蜂起を諏訪神社の力で威圧したことを記すもので、そこには東北の大海の「日《ひ》ノ本《もと》」「唐子《からこ》」「渡党《わたりとう》」の三種の蝦夷が「蝦夷が千島」にいたこと。前二者は農耕をせず、風貌も夜叉のごとくであるとする。そして「渡党」は和国の人に似ており、ことばも通じ、容貌は鬚面で多毛だとある。おもしろいのは、彼らは霧を起こす術や毒矢（付子《ぶす》の矢）を武器としていたとの記述である。この「渡党」の描写はアイヌの風俗との共通性もあり、津軽から道南地域（津軽海峡域）をさしたとされる。『御曹子島渡り』に見られる「蝦夷が島」の描写もこれに近似する。「てんくわの棒に付子の矢を持ちて」とあるように、類似の表現が認められる。さらには、大王から伝授された「かすみの法、こたかの法、きりの法」などの名も見え、『諏訪大明神絵詞』の描写に近い。御伽草子の作者は、明らかに情報としての蝦夷観を持ち合わせていたようだ。

御曹子の世界では「蝦夷が千島」は、この「蝦夷が島」のさらに遠方に位置づけられていたが、『諏訪大明神絵詞』に見える三種の蝦夷の区別からも、そのあたりの事情を確認できる。

ところでこうした異域観に裏打ちされた理解とは別に、中世にはもう一つの蝦夷観もあった。こちらの方は、日本国の版図の外に位置する地域的権力への理解を前提とする。すでにふれた津軽安藤（東）氏の立場はその好例だろう。中世における蝦夷の表現は、時としてこの安藤氏と重ね合わせられる場合もあった。同氏は蝦夷の名を背負うことで、この地域の支配権を主張する根拠とした。

「安日王」伝説については前章でもふれた。坂上田村麻呂とのかかわりとは別に、神武天皇と争った「安日」が敗北し「東国外《そと》の浜《はま》」に追放され、「醜蛮」になったとの『曾我物語』に登場する話もある。安倍・安藤氏の系譜は、この「安日」を祖とするという。配流（追放）↓外ヶ浜↓醜蛮（蝦夷）の文脈のなかに、中世が創り上げた神話世界を予想できる。

神話が中世的であることの意味は、これが異域での再生という形で「安日王」を復活させたことだろう。外ヶ浜で復活した「安日王」を背負い、これを自己の始祖としてはばからない安倍・安藤氏の自負は、単純に中央からの辺境・差別・異域観で処理できぬ要素がある。その意味では中世に存在したはずの、もう一つの蝦夷観を考える素材となろう。場合によると、それがあの「夷千島王」と自らを呼称する意識に通ずるのかもしれない。地域としての自己主張、地域権力の萌芽、こんな問題も見え隠れする。

『御曹子島渡り』の裏にある蝦夷問題には、こうした諸点もあった。想像をたくましくすれば、義経の入夷伝説の深部には、中世におけるもう一つの蝦夷観が潜んでいたのではなかったか。「夷千島王」と同様、あるいは「安日王」の末裔たちの地域権力と同様、征服されざる地域の誇りを、敗れし者義経に託する気分があったのかもしれない。義経をアイヌの首長として崇めるとの伝説は、そうした見方を可能にさせる。

もっともこの点については深追いは禁物だ。一般的には義経の入夷伝説は、近世江戸期の蝦夷地開拓にむけての関心の国家レベルでの高揚、これが義経と蝦夷地との結合をもたらした、ひとまずはそれで充分のはずだ。

北海道の成立、および義経

「蝦夷とは何か」との設問と同じく、こんどは「北海道とは何か」を考えてみたい。もちろん遠くで義経の伝説とつながるはずだ。蝦夷地の内国化が国家という枠組みで完成したのは、近代に入ってからだった。明治二年（一八六九）、北海道は〝成立〟した。成立という語には、それなりの意味がある。

歴史的文脈を重ね合わせるならば、「北海道の成立とは何か」という問題の立て方が可能なはずだ。当たり前と思っていることでも、よく考えてみれば奇妙なことが日常いろいろあるはずだ。北海道の名称がそれだ。その由来をご存じの方にはいささか退屈かもしれないが、議論の糸口ということで我慢してほしい。

さて、古代の五畿七道制については以前にも少しふれたように、東海・東山・北陸・山陰・山陽・南海・西海の七道をもって地方行政のブロックとした。律令制的な地方支配のシステムとして、この七道制は機能した。この中に北は陸奥から南は薩摩にいたる、六十六ヵ国が含まれていた。ここにはむろん、北海道の呼称はない。ない、ことの意味が重要だった。日本国の領域の圏外であったからだ。北海道が蝦夷の地として、人々の視野に入りはじめるのは中世からだ。中世、そして近世を通じて、北海道は蝦夷地として存在しつづけた。

近代の明治国家は〝王政復古〟を宣言し、そのなかで蝦夷地に北海道の名称を与えたのである。古代の律令制に由来する復古的呼称を与えた。厳密にいえば、蝦夷地は、この時点で日本国になったといってもよい。

古代的な記憶として、あるいは擬似的な律令制の追体験を呼称にイメージ化させるうえで、たしかに絶妙な名前だった。北海道の呼称は、まさに新しく蝦夷地を国家版図に組み入れたことの象徴でもあった。明治国家は〝近代〟を創るために、二つの精神装置を設定した。一つは王政復古、もう一つは開国和親（文明開化）である。北海道の表現は意識として、前者の王政復古に見合う近代国家の表現だった。古代的王権の再生という理念のもとで、蝦夷地は北海道の名を冠せられた。北海道の語が含意する内容は、こんなところか。

ところで、この北海道が成立した近代には、伝説としての義経はどこにいったのか。蝦夷地から異域の観念が払拭された段階、いい換えれば内国化が進行したこの時期、義経は海を渡り樺太へ、そして満州に赴いていた。その後義経は蒙古へと入り、やがて成吉思汗《チンギスハン》となるのである。悪意に満ちた表現をすれば、義経を介し大陸を射程の圏内に据えたともいい得る。

義経＝成吉思汗説の提唱は、末松謙澄《すえまつのりずみ》あたりからだった。『源氏物語』の最初の英訳者としても有名なこの人物は、明治十一年に渡英、留学先のケンブリッジに「征服者成吉思汗ハ日本ノ英雄義経ト同一人物也」との論文を提出している。内田《うちだ》弥《や》八《はち》『義経再興記《よしつねさいこうき》』（明治十八年）は、この末松説を紹介し、流布するきっかけをつくった。後年、末松自身の語るところによれば、論文の意図に日本を西洋に認めてもらうためのハッタリの気分もあったという。日本を文明世界に押し出すための方策、そんな場面からの〝義経効果〟だった。

北海道という復古的呼称の創出と義経伝説には、こうしてみた場合、前述の王政復古と文明開化の二つのスローガンと、通底するものがあるようだ。それはともかく、右の末松の意識には、中世の小さな英雄は、世界に伍してゆくための切り札との想いがあったにちがいない。そこには誕生まもない明治の国家が、自己を主張するための悲哀もあったろう。義経が成吉思汗にさせられたことの意味をこう考えたい。

『成吉思汗ハ源義経也』

右に義経が成吉思汗にさせられた意味についてふれたが、実はこの問題は思うほどに単純ではない。伝説がその節度を超える状況が生まれたからだ。それは伝説の史実化にかかわる問題につながっている。

小谷部《おやべ》全一郎『成吉思汗ハ源義経也』（冨山房　大正十三年）は、その代表である。義経伝説の足跡を求め、北海道さらには満州・蒙古の地までも踏査しての情念の書ともいうべき作品だ。「クローの砦」と「九郎」、「タイシャア像」と「大将」、はては「ジンギス」と「源義経＝ゲンギケイ」などの同音・類音に関する指摘からもわかるように、その論証にはいささか無茶な推論が展開されている。

強引ともいえる伝説の史実化の試みを通じて、同書で主張しようとしたこと、それは何であったのか。そこには伝説としての義経を蒙古に発見することで、日本を発見する、こんな表現もできるはずだ。

成吉思汗の時代に於けるが如き東西の軋轢訌争《あつれきこうそう》は遂に復《ま》た避く可《べか》らざるなり。嘗《かつ》ては成吉思汗の源義経を産したる我が神洲は、大汗が鉄蹄《てってい》を印して第二の家郷となせる亜細亜洲《あじあしゅう》の危機に際し、之を対岸の火視して空しく袖手傍観《しゅうしゅ》するものならむや。成吉思汗第二世が、旭日昇天の勢を以て再び日東の国より出現するは、蓋《けだ》し大亜洲存亡の時機にあるべき耳《のみ》

同書の結語は右の文章で終わる。そこにはやはり時代が透けているようだ。見えるものはアジアの、そして日本の危機への認識だ。むろん西欧（「白禍の東侵」）に対する危機感である。主張は明快だ。〝かつての成吉思汗の時代がそうであったように、東西の対立は避けられない。歴史は繰り返すのだ。だからかつて成吉思汗＝義経を誕生させた我が日本は、彼等が活躍した第二の故郷ともいうべきアジアの危機に臨み、これを対岸の火事として傍観すべきではない。今や我が日本は第二の成吉思汗として、旭日の勢いでアジアの危機を救い勇躍せよ〟と。

こんな中身だろう。そこには「亜細亜は亜細亜人の亜細亜なり」の表現に示されているように、アジア至上主義ともいうべき意識があった。そこにはやがて戦前昭和期の〝大陸勇躍〟への一つのスローガンともなった「五族協和」や「大東亜共栄圏」への構想が宿されている。今日的視点から同書が有した害意性を問題にしても始まらない。それもまた時代の産

物だった。

問題は義経＝成吉思汗がどれほどの潮流になったかではなく、伝説が史実と混同されつつ、ある歴史観を構成するに至る過程なのだ。そこにはやはり、〝時代〟の意識が投影されている。具体的にいえば同じ成吉思汗説でも、末松謙澄と小谷部の思考には隔たりがある。ここでの議論は、近代における義経伝説の変容のされ方を問うことだ。変容の背後には当然ながら〝時代〟があったはずだ。

末松が説いた義経伝説には、明治初期のささやかな時代の主張が見て取れる。西洋にバカにされないための虚勢、これが義経＝成吉思汗説につながった。このことは前にもふれた。この時期、西欧に仲間入りすることの〝夢〟にむけて、日本は自己を発電しつづけたようだ。〝脱亜入欧〟のスローガンを実現するための自己発揚だ。日清そして日露の戦争は、結果としてこの〝脱亜入欧〟を実現させたことになった。

かつて米欧を巡覧しつつ「東洋ノ英国」（『米欧回覧実記』）たらんとすることを目ざした岩倉使節団の夢は、イギリスに学んだ末松も共有したことだろう。その後実際には、ドイツをお手本とすることで軌道修正しつつも、これを現実のものとした。

ここに至る過程、別言すれば明治前期までの義経＝成吉思汗説には、国家の上昇志向が見て取れる。二つの戦争での勝利は、日本に〝西欧〟を発見させた。この発見には物力（経済力）という即物的要素とともに、精神的要素が加味された。後者の精神性を具体化するものが、民族としての歴史、日本という国が経験した過去の歴史のなかに、西欧と同種の歴史を〝発見〟することだった。

明治後期以降にさかんになる封建制論議は、この点と無関係ではない。議論が煩雑になることは避けたいが、要はこの時代の日本は、西欧的封建制と同種の歴史を日本の中世に照射することで、西欧との同居性を確認しようとした。

末松的な義経像の延長には、こうした西欧崇拝指向があったことは否めない。西欧に日本を認知させるための足場として、中世の英雄義経が持ち出された。そして〝脱亜入欧〟以後の明治末期から大正期には、義経伝説に別の観点が導入される。時代としての分水嶺はどうやらこのあたりのようだ。小谷部の「亜細亜人の亜細亜」との主張はこれを裏づける。義経も成吉思汗もアジアが生んだ英雄との主張だった。ここでは明らかに精神の拠点は西欧を脱し、アジアへとシフトしていることがわかる。

かつての〝脱亜〟は〝入亜〟へと変貌し、〝入欧〟は〝脱欧〟へと変化した。明らかに大アジア主義の意識が強調されている。そこでの義経は末松が指摘した思惑とは違うところにあった。アジアへの回帰のなかで、義経は再度、成吉思汗となった。この〝脱欧入亜〟の行きつくところを、くどくど述べる必要もあるまい。

近代は義経伝説についていえば、これを成吉思汗として発見することで、日本を発見しようとした。いうまでもなく、その発見の仕方には少なからず違いがあった。虚構を確信し、その確信のうえに、義経＝成吉思汗説を提唱した末松と、虚構を否定し、伝説の歴史化を確信した小谷部との相違は明白だろう。いずれにしても、近代の義経伝説もまた時代の産物であることは動かしがたい。

義経が蝦夷地に渡った近世江戸期は、蝦夷地開拓に燃えた時代だった。そして海を渡り樺太・満州に赴く江戸後期には、海防緊張のなかで蝦夷地は明確に国家領域の射程に入っていた。近代は渡満した義経が成吉思汗として再生する。新たなる異域を大陸に求め、これを射程に据えるなかで義経伝説が別種の衣をまといはじめた時代だったのだろう。

第五章　伝説の記憶　歴史観の祖型

再び伝説について

伝説とは何か。収支を決算する場に来たらしい。中間報告はすでに提出している（第一章参照）。辞典的解釈をふくめ、幾つかの定義の紹介は他に譲りたい。伝説には、その文字が示すように、伝聞的要素がある。史実との距離からすれば、この点で遠い。史実への多様な解釈が挿入されているからだ。この解釈は人々の記憶のなかに定着し、歴史に彩りをそえる。時間的経過（歴史性）のなかで、伝説の記憶はさまざまな虚像を形成させることになる。

伝説のおもしろさは、ある史実が伝聞され、時代の変転とともに変形され、その過程で付着した思惑が時として流れ出る場面があることだ。第二章以下で指摘した古代から中世に活躍した人物たちは、「敗者の復活」「武威の来歴」「異域の射程」という、それぞれの主題に見合う歴史的テーマをふくんでいた。歴史的存在としての英雄たちの姿を時代的に追跡することで、歴史への問いかけ方も確認できる。伝説には、そんな魅力がある。

伝説はその語義に照らし、〝伝え〟〝伝わる〟という時間的諸相からの理解があろう。その限りでは、伝説それ自体に歴史性がともなっているということでもある。この歴史性は〝時代〟という特定の時空と結合するところに存在する。この点では、ある史実が伝説として加工され、その伝説がさらに原型を脱し、新たな伝説が形成されるという過程、それ自体が歴史学の対象ともなり得るのである。

説話あるいは物語との相違もここにある。もちろん伝説をより拡大していえば、ある時代に創造された説話・物語も、これが変容し時代的に伝播すれば伝説となる。この点では伝説は、広義に説話や物語をふくむものとの解釈も可能だろう。説話などがある時代の水平的な諸相を切り取ったものとすれば、伝説には一つの時代にとどまらない垂直的な歴史の局面が、反映されている。

『絵本　曾我物語』（鶴見大学所蔵）

例えば『平家物語』や『太平記』を想いうかべてほしい。何度も指摘したように、それらは伝説の宝庫だった。その伝説のなかには説話も同居していた。そうした同居状態を脱し、史実や人物が時代の変化に対応し、新しい衣をまとうことで伝説は再生される。前章で紹介した義経の事例でも理解されるように、『平家物語』そして『義経記』さらに御伽草子の世界での義経像は、それぞれが背負う時代を代弁したものになっている。近世でもさらに近代でも、それぞれの時代が担う義経像があった。伝説の実像からは距離を認めつつ、その虚像を介して時代の真実を探る手だてを考えることが必要である。伝説とはそのための材料なのだ。

たしかに伝説の場合、時代性や歴史性が顕著である。説話に関してはむしろその超時代性に特色があった。〝いつでも、誰でも、どこでも〟が説話のポイントとなる。その意味で本書が歴史性において、より透明度が高い伝説を掘り起こすことを意図したのも、了解していただけるだろう。中世に創造された伝説を介し、今日的課題の議論を提供することで、伝説を歴史的文脈で考えたかったからだ。いささか欲張りだが、そこでの関心は中世にとどまらず近世にもそして近代にも射程が延長されている。

以下では、右のことを「歴史観の祖型」というテーマで考えてゆきたい。近世・近代のなかの中世の変容の過程を往来物なり教科書なりを素材にあつかうことで、伝説の記憶ともいうべき切り口で話をすすめよう。

『本朝千字文』

「知」の回路として、近世江戸期の往来物がはたした役割については、第一章でもふれた。ここでは近代の教科書へと継承される、その歴史往来物を素材にさらに議論を深めたい。「国民」を創出した近代、その近代の歴史意識をさぐるうえで、教科書の役割は大きかったはずだ。往来物はその教科書の下敷きであった。一般に作品化された往来物の量でいえば、すでにふれた江戸中期の伝記型・英雄型の人物往来よりは、この前後に登場する古状型往来、そして史詩型往来とよばれる一群の作品の方が一般的だった。

まずは伝記型往来が登場する以前の古状型である。多くは江戸前期に成立したもので、題材は中世の武家の書状である。有名な腰越状《こしごえじょう》や義仲の山門牒状《さんもんちょうじょう》など『平家物語』を原点としたものや、その他中世の軍記作品に語られている消息・書状が圧倒的な量をしめる。当然ながら人物中心の歴史というよりは、事件の一断面が教材として用いられている。

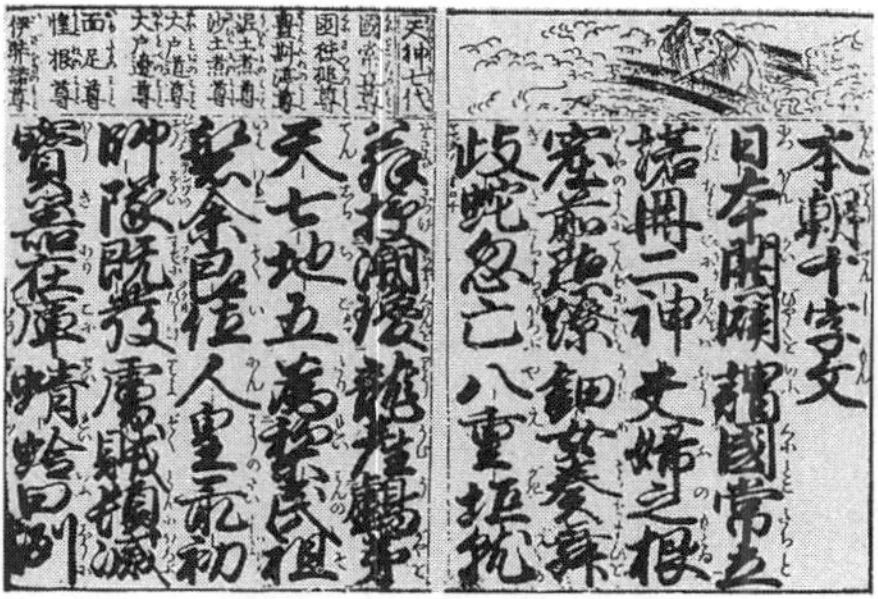

『本朝千字文』（謙堂文庫所蔵）

そこでの効用は、書状の形式や用語への習熟を介し、一種の社会生活の習得を目ざすものだった。その限りでは歴史的視点以前に、社会生活のうえで必要な具体的な礼節の教授が主軸となった。

それが歴史的知識それ自体に傾斜するのは、幕末から明治にかけて多く登場する、後者の史詩型往来からだった。

つまりは、中期の伝記型往来群を分水嶺として、ともに歴史を題材としながらも、教材的には古状型は国語教育的な場面に、史詩型は歴史教育的な場面につながる。そしてその史詩型往来群のなかには、明治以降もその命脈を保ち、近代の「教科書」として脱皮したものもあった。その限りでは〝接ぎ木〟の仕方において、往来物それ自体が歴史教科書の祖型なり、雛型なりを準備したともいえよう。

　このことは〝通史〟の誕生という面からも確認できる。古状型往来が一つの特筆すべき事件を〝点〟としておさえたもの、そして伝記型のそれが人物を介し、〝線〟としてのものだとすれば、史詩型は〝面〟レベルでわが国の歴史の流れを表現したものといえそうだ。むろん学問のうえでは、新井白石の『読史余論《とくしよろん》』、あるいは頼山陽《らいさんよう》の『日本外史《にほんがいし》』などの著名な通史的作品はある。が、庶民からの要請のなかで登場してきた往来物は、やはり注目に値する。

　例えば『本朝千字文《ほんちょうせんじもん》』である。古代中国から移入された『千字文』の名称にならい、四字を一句として二百五十句より構成された漢詩形態を採用し、子どもが覚えやすいように工夫されている。そこには伝説の類も多くふりかけられており、たしかに民族史の通覧という点で便宜がはかられている。歴史への耕し方からすれば、深さよりはむしろ広さを問題としたのが、この史詩型往来物の役割だった。

　『本朝千字文』の最も古い版は安永四年（一七七五）というから、江戸中期のころに属する。そしてこれが普及し、一般化するのは幕末段階だといわれている。嘉永三年（一八五〇）の摺版のものは貝原益軒《かいばらえきけん》の撰を元にしたものだともいう。『女大学《おんなだいがく》』『養生訓《ようじょうくん》』で知られるこの人物が、この往来物にもかかわりがあるのはおもしろい。

この点は別にしても、序の部分には「日本天地開闢《かいびゃく》より今代に至までの故事をあつめ、人の善悪、世の盛衰移り変《かわる》に随ひ、其次第を序《つい》で、千文となしぬ」と語っている。〝通史〟ということで興味深いのは、単なる英雄史ではなく、政権交替史でもない。むしろ文運の盛衰といった文化的事業にも筆がついやされており、このあたりに特徴を見出せそうだ。

例えば将門・純友の乱から平安期の国風文化あたりの描写を記せば、以下のようになる。

相馬《そうま》純友《すみとも》　反二于総予一《そうよにほんす》　秀郷慶幸《ひでさとけいこう》　討二於海陸一《かいりくよりうつ》　輝二威聖廟一《いをせいびようにかがやかし》《テンマングウ》　停二奢翰策一《おごりをかんさくにとどむ》

浄蔵祈レ塔《じようぞうとうをいのり》　源順識レ字《みなもとのしたごうじをしる》　式《しき》部《ぶ》辞《じ》艶《えん》《ムラサキシキブゲンジモノガタリ》　納《な》言《ごん》才《さい》英《えい》《セイショウナゴンマクラノソウシ》

といった具合だった。まさに骨組のみの世界だ。点を集合させることで、歴史の大局を認識させる手法なのだろう。肉付けは教師の役割ということだろうか。ただし、若干の補足が各句の下に付記されており、それなりに歴史的事件の文脈が説明されている。こんな調子で二百五十句が書き連ねられている。

ところで伝説の形成のされ方という視点に立てば、『平家物語』なり『太平記』なりに連動する人物で、この『千字文』に登場するのは、鎮西八郎為朝・悪源太義平・池禅尼《いけのぜんに》・平重盛・牛若（義経）・文覚《もんがく》・斎藤別当実盛・木曾義仲・巴御前・静御前・源頼朝・板額《はんがく》・朝比奈三郎・足利尊氏・楠木正成といったところだ。これを見る限り、南朝への思い入れが特別強いとも限らないようだ。

人物の歴史的意義という場合、時代とのかかわり、別言すれば社会の変革に寄与したか否かが尺度となろう。が、近世の往来物の世界での人物撰定の尺度は、必ずしもそれと同じではない。むしろ『平家物語』なり『太平記』なりの〝場〟で、〝人間くささ〟を演じた人物たちへのまなざしだった。

その限りでは南北朝の動乱に取材した『太平記』の人間像よりは、源平期の『平家物語』の群像が、そのロマン性において卓越していたがゆえに人々の共感をよび、往来物に定着したのだろう。後醍醐天皇や新田義貞に関して、特別の思いが少ないのもこのことと関係しよう。加えて往来物の主役たちは、他方では講談や歌舞伎世界でも共通の主役であったわけで、この両者の距離が近接していたところが特徴といえそうだ。

元祖、マンガ本

以下は余談だ。昨今、マンガによる日本の歴史や世界の歴史シリーズが好評を博している。興味の糸口としては〝なるほど〟と思われるが、一体こうしたマンガによる歴史の描写はいつごろからはじまったのだろうか。単に挿絵的なものであれば、室町期の絵解きや御伽草子以来ということができる。しかし、われわれが見知っている〝ふき出し〟風の手法を用いてのマンガの本のイメージは、どうやらこの『本朝千字文』の挿画あたりかららしい。

例えば八幡太郎義家の馬上の勇姿を描きつつ、有名な雁の乱れで伏兵を知るエピソードがそうだ。ここではそれが史実か否かは一顧だにされない。義家の軍略的才能を逸話として伝えることが主眼なのだろう。朝比奈三郎の伝説も同様だ。義仲の妻巴御前と和田義盛との間に生まれたこの人物の登場場面も、いささか歌舞伎趣味の画ではあるが興味深く描かれている。多くはこんな調子だ。一コマ一コマの絵と文字を対比させつつながめるのも一興であろう。

極論すれば、江戸時代から歴史の学習には挿画が用いられていた。何も目くじらを立てて、マンガ本をバカにすることもあるまい。児童への餌付けという点では、古今東西そんなに大きく変化しているわけでもない。要は硬軟おりまぜてといったところか。

ここで再び話を戻す。往来物も世につれ、やはり変化する。すでにふれたように、『本朝千字文』あたりでは〝通史〟的であり、あくまで歴史に興味・関心を有する程度での歴史感の共有にすぎなかったのではないか。一般に史詩型の往来物は『大統歌』（嘉永四年）、『本朝三字経』（嘉永五年）など幕末期に多い。しかし『皇朝三字経』（明治五年）、『皇朝千字文』（明治六年）、あるいは『西洋千字文』（明治七年）など、明治に入ってもその書名が用いられたものもある。書名から推測されるように、幕末から明治にかけては尊王的なスローガンのもとに、庶民の御手本とされた往来物には、〝歴史への思い〟がより強く込められるようになる。

伝説を教材として用いる場面でもそうであった。判官贔屓的世界での人気者とともに、尊王的な忠臣があらためてクローズアップされる。明治初期の往来物の作品群に特徴的な名辞は「皇朝」と「西洋」といえそうだ。王政復古的世界の実現を教育のなかで、ということからすれば、「本朝」から「皇朝」に変化するあたりは、〝正体〟がまる見えなのである。「西洋」の方は、この段階の開国和親に即した文明開化主義と一致しているわけで、近代明治の往来物は、縦軸に日本国それ自体の掘り下げを、横軸に西洋への広がりの視点を用意したことになる。

すでにふれたように、前者が〝王政復古〟に連動するだろうし、後者は〝文明開化〟に連なるわけで、近代明治期の「知」の回路はこの二つの軸で形成されている。「国民」創出の近代は、こうした形でも誕生している。それは歴史感から歴史観への共有とでも表現できる場面だろう。前述したように英雄伝説の創られ方は、この歴史観の共有という形で国民を培養した。

どうやら話の筋が近代にシフトしつつあるようだ。往来物から教科書への移行という場面だろう。

いささか退屈な議論となったが、往来物の世界を土台にしながら、近代の教科書論議へと話をすすめたい。

嘉永三年板『本朝千字文』の挿画の数々（謙堂文庫所蔵）

「国定教科書」

中世の武人たちは、その後に多くの〝整形〟をほどこされた。近世江戸期は、その整形された虚像が定着した時代だった。芸能レベルでの浄瑠璃や歌舞伎、さらには講談的世界での英雄像が庶民の皮膚感覚と同居する時代だった。

こうした芸能的分野とは別に、やはり〝教え育む〟場、すなわち教育での文化の伝達の力は大きい。この点すでに幾度かふれたように、往来物に描かれた中世武士たちの逸話や伝説の存在も忘れてはならない。

近代は「国民」を創出したが、その創出のための精神装置に歴史の学はたしかに貢献している。近代の国家は経済レベルで〝胃袋の結合〟を実現した。それと同時に、文化レベルでの〝精神の結合〟にも留意すべきだろう。右にいう精神装置とはこの点にかかわる。別言すれば日本人としてのアイデンティティをどこに求めるかという問題にもつながる。歴史の教育はその最も有効な手段ということになる。

その点では、たしかに教科書の国定制の意義は大きかった。急ぎ指摘しておくと、教科書制度は戦前までに二つの変化があった。

一つは明治十九年（一八八六）の検定制の導入、そして二つは明治三十七年（一九〇四）の国定制への移行である。

国定制といえば、〝悪〟の代名詞のように思っている読者も少なくないようだ。この点は別にしても、伝説が近世に肥大化し、さらに近代に変容しつつ、教科書に混入される事情を考えるうえでは、国定教科書への認識は不可欠だろう。ただし、ことさら教科書の歴史をひもとく煩はさけたいと思う。当面は明治後期から昭和前期にいたる小学校の国定教科書の最小限でよかろう。われわれにとって必要なことは、近代における「伝説」の行方なのであり、さらにいえばその伝説の原点たる「中世」の扱われ方なのである。

そこであらためて、「国定」の意味である。国家が教科書著作に関与し、その使用を強制するものと規定できるだろう。使用の強制性がポイントだろう。それゆえにこそひとしなみに、〝一定の歴史観〟の受容を可能にさせるのだ。その歴史観の共有が「国民」を作り出すことにもつながった。歴史という民族の記憶を継承する行為のなかには、時として作為が加わり、伝説が史実のように闊歩することさえある。

伝説が真実味を帯びたその時が要注意である。国定段階には国語読本や修身といった教科のなかにも歴史的人物がしばしば顔をのぞかせている。つまり二重三重に〝歴史〟が教材とされたのである。

こうした反復により〝たかが〟教科書は、〝されど〟教科書へと変貌する。往来物的気風が継承され、教材の自由さが保証されていた小学校のそれも、検定制さらにはこの国定制を経過することで、教科書への期待値は変化した。明らかに〝されど〟のレベルにその社会的役割が上昇した。周知のようにこの国定制の施行段階には、小学校への就学率は九〇パーセントを超すわけで、この点からも民族の記憶としての歴史を、教育の場で彫磨することへの期待が大きくなる。

近代の史学史をひもとくと、興味深い問題に遭遇する。われわれは歴史学が近代化の過程で国家の権力と対立し、そのたびに摩擦熱を出してきたことを知っている。例えば明治二十年代半ばの久米邦武《くめくにたけ》筆禍《ひっか》事件しかり、そして明治四十年代前半の喜田貞吉《きたさだきち》の南北朝正閏《せいじゅん》論争しかりである。前者の久米事件が起きたのは、検定制への移行期であったし、同様に後者の喜田事件は国定制の段階に重なる。学問と教育の内的連関を考える素材となろう。こんな雑感をいだきつつ、近代国家による歴史の与えられ方をみておきたい。

窒息する史実

伝説は、史実を基盤にそれ自体が着色されたものだ。彩色のころあいは民衆の心情作用に依拠している場合もあれば、寺社の縁起をはじめとする宗教的側面から創り出されることもある。そしてさらに権力に近い立場で潤色されるケースもある。

近世の江戸期は〝歴史の時代〟とも形容できるほどに、歴史物であふれていた。朝野ともども、官も民もこぞってといったところだ。第一章で指摘したように、歴史上の人物に取材した往来物の普及には、そうした文化的エネルギーが認められる。

近代明治は王政復古の理念のなかで武家を否定する。否定されなかった武家とは王権を歴史上で支えた人々だった。結論をいえば、承久《じょうきゅう》の乱なり南北朝の動乱なりで、後鳥羽上皇側や後醍醐天皇側に参じた武士が顕彰されている。明治の国家は中世のある時代の場面を積極的に掘り起こすことで、これを近代のなかに接ぎ木しようとした。伝説の着色のされ方という点では、これほど鮮明に加工された時代はないのかもしれない。その点を承久の乱と南北朝の動乱を手がかりにみておこう。中世において王権の中枢が明確な意志にもとづき、〝武の否定〟にかかわったという意味で、二つの乱は共通していた。

ちなみに、「国定」という語感から個性的な記述が封印され、教科書の内容はパターン化されていると思われがちだ。だが実際はそうでもない。七期に区分される小学校段階の国定の歴史教科書は、明治末期の『小学日本歴史』（第一期）から戦後の『くにのあゆみ』（第七期）まで種々の呼称があった。筆者が通観したところでは、大正期に用いられた第三期の国定教科書『尋常小学国史』あたりが境目と思われる。その根拠の一つは、「国史」の呼称が教科に定着・使用されたことだ。その二つはこの期以降、歴史の叙述に史実と同時に、道徳的・教訓的解釈が多量に加わったことである。事件や人物が脚色され、染め上げられる状況が顕著になるということだろう。

これらの点を、承久の乱の記述から見てみよう。実はわれわれは現在、歴史用語として、この「承久の乱」を一般的としているが、この第三期の国定教科書では、初めて「承久の変」の語が使用されている。賢明な読者はおわかりだろう。「承久の変」の語感には〝皇室の異変、変事〟の意味合いが強い。後鳥羽上皇の配流にともなう天皇家の変事との認識による表現である。当然そこでは、幕府＝武家の社会レベル・国家レベルの権力の変化なり推移なりの視角は、抑制されていると考えてよい。もちろん、北条義時の評価もいささか酷なのである。

義時しばしば上皇の仰にそむきしかば、上皇大いにいきどほりたまひ……遂に国々の武士を召して義時を討たしめたまへり。……義時すなはち上皇に従ひたてまつりし人々を、或は斬り或は流し、おそれ多くも後鳥羽上皇を隠岐に、順徳上皇を佐渡に、土御門上皇を土佐にうつしたてまつり……世に之を承久の変といふ。……かつて例なき大事変にして、義時の無道ここに至りて極まれりといふべし。

いかがであろうか。現在の水準に照らした場合、事件と人物への想いが強すぎることが理解できる。

そしてこの義時とならび筆誅の対象とされたのは、中世を画するもう一つの乱、南北朝期での尊氏に関するものである。すでにふれたように、江戸期にあっては特別な尊王論者を除けば、往来物においても尊氏の評価はそれなりの節度は保たれていた。明治の段階まではその伝統は、一応つづいていたとみてよい。例えば国定制以前の検定制度下の山県悌三郎『小学校用　日本歴史』（学海指針社／明治二十一年）には、「遂ニ足利氏数世ノ基業ヲ定ム。尊氏大度《たいど》ニシテ権略アリ。其土地財貨ヲ惜マズシテ将士ニ与ヘシガ如キハ、能ク武夫ノ心ヲ得シ所以ナリ」との指摘は、それを示している。

だが、先述の大正期の国定の第三期では、にわかに尊氏への論調は厳しさを増す。「尊氏はさきに後醍醐天皇の厚き恩賞をかうむりながら、其の御恩を忘れて朝廷にそむき、忠義の人々を害し、あまつさへ皇族を弑《しい》したてまつれり。其の不忠不義まことににくみても余りありといふべし」と、尊氏の不忠不義論はここに定着した。

中世は窒息する。史実も伝説もである。別の表現でいえば多量な伝説的世界を保ちつつ、近世へと継承された中世の世界は、近代国家の論理のなかで読み換えられることになった。つまり再生した天皇制を中世の王権の継承と見立て、これに否定的なかかわり方をした歴史上の人物は不忠不義として非難の対象となるという構図だろう。そこでの徳目は〝君ニハ忠、親ニハ孝〟という、例の世界なのだ。義時と尊氏はその好例だった。

忠臣たちの誕生

国民的歴史観の定立のうえで、義時や尊氏とは対極に位置した人物もいた。いわば国家のお気に入りの人物たちだ。この第三期の国定教科書の人物評でいえば、和気清麻呂《わけのきよまろ》、菅原道真、源義家あたりの記述ぶりが参考となるはずだ。前二者については戦前期の紙幣の肖像となった人物で政府〝ご用達《ようたし》〟の英雄たちだった。

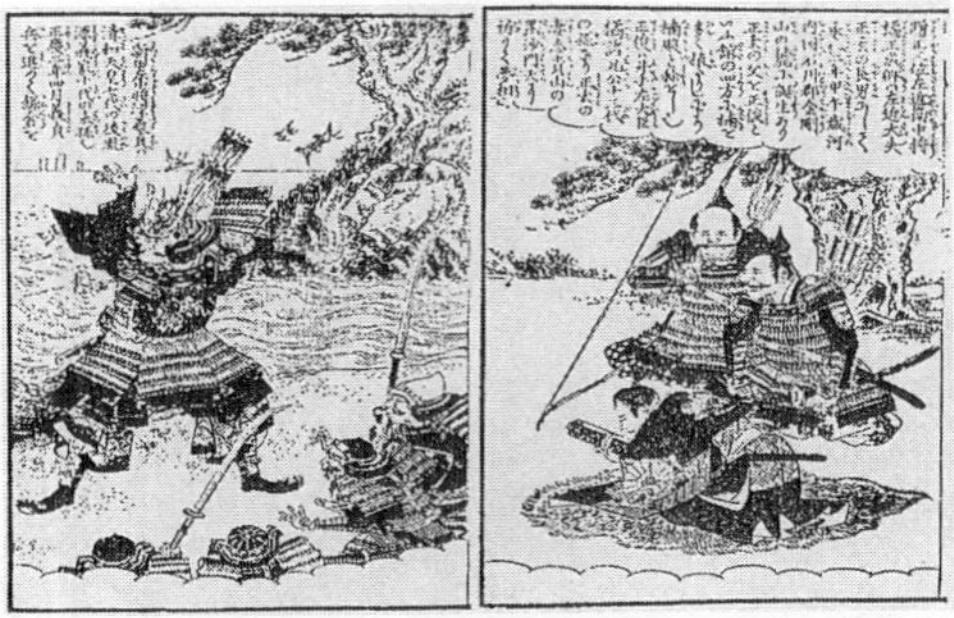

『南朝太平忠臣往来』（謙堂文庫所蔵）

清麻呂については道鏡の野望をくじき、皇室を安泰ならしめたとの評がなされ、加えてその姉広虫《ひろむし》にも、「まごころを以て朝廷に仕へたてまつり、弟と仲よかりしかば、人々感じ合へり。……広虫はつゝしみ深くして、かつて人のかげ口をいひたることなく……」との評がなされており、このあたりからも、皇室との親疎が問題とされていることがわかる。

道真についても同様だろう。「かた時も天皇の御事を忘れたてまつらざりき」として「君恩のかたじけなきを思ひ」とあり、あまりに好都合な解釈に偏している。すでに第二章でもふれたように、中世にあっては道真は怨霊のチャンピオンとされるほどに、その怨霊問題が猖蹶《しょうけつ》をきわめた。人々の意識にあっては醍醐天皇をも地獄に落とすほどにおそれられた道真も、時代とともに忠臣のイメージが増幅されている。

かつて道真は王権を相対化する新しい力の象徴でもあった。『将門記』の世界では、この道真が天神として八幡神ともども、「新皇」将門の私的実力を支えるイデオロギーとして登場していた。その限りでは、王権との対抗関係は明らかだった。この道真が近代では、忠君主義者の権化として、変身させられているのである。ただし、道真の忠臣的イメージは江戸時代に満開となる学問神信仰の流布という、前史も忘れてはなるまいが。

そして義家の場合はどうか。ここでのポイントは、やはり後三年合戦にあたって、新羅《しんら》三郎義光が兄義家の苦難を知り、都での官職を投げうって駆けつけるという場面である。中世以来のこの伝説は、とくに国定教科書でもこの第三期以降に多用され、うるわしき兄弟愛の象徴として語られるようになる。右に指摘した三人はこの第三期にはじめて登場するものではなく、以前の明治期の教科書にもあらわれる。が、その叙述のされ方は先に示したように、露骨なデフォルメはなかった。

人物か事件か、二つの旋律

ここで思い出していただきたい。近世往来物に伝記型と史詩型があったことを。前者は人物中心、後者は事件中心の編集方針だ。実は歴史教材の記述の仕方には、つねにこの両者が対抗関係にあった。

国定教科書の七期段階までのうち、一期から四期までは人物中心の構成であったが、五期から七期は事件中心の配列となっている。前者の人物史に関しては、第三期の『尋常小学国史』が大きな山場を構成したと考える。

後者のケースでは第六期に登場する『初等科国史』がエポックとなると判断される。これは国民学校に統合された段階での歴史教材で、戦時中の編纂である。そこには多分に情緒的な美辞麗句があふれているが、他方で文化遺産への記述にも留意され、反動的とばかりに一蹴できない面もあった。とりわけ大項目・小項目の脈絡から、文学的表現で歴史の大局を認識させようとする努力も見られた。が、やはり「神風」とか「大義の光」とかの名称が語るように、「皇国史観」を代弁する表現が少なくない。

以上、小学校の教科書の分析からいえば、国定三期から六期、すなわち大正・昭和前期の段階は、史実と伝説のとけ込ませ方という点で、大きな画期を形成した。

余談だが昨今の小学校学習指導要領での人物学習についても、その先例は国定一～四期の編集方針の波長に合致する。そしてより長期のスパンでみれば事件史か人物史かは、江戸期の往来物以来の二つの旋律でもあった。

ここでの目的は教材の与え方が、歴史観にどう反映したかを議論することだ。近世的寺子屋教育の場も、近代的学校教育の場もある面では変わらないが、そこに大きな溝もあった。国家の意志が、鮮やかに投影されているか否かという点である。

近代は明らかに人物と事件の織りなす状況を、過度の忠君愛国的尺度で屈折させた。人物については江戸期以来の忠孝の物差しがさらに重視された。『平家物語』の世界でいえば、清盛よりは重盛伝説が中心となった。また、義家伝説も弟の義光との兄弟愛の逸話が軸とされた。楠木正成《くすのきまさしげ》・正行《まさつら》父子の親子の情愛も、近代国家が大好きなテーマだった。もちろん、往来物的世界でも知られたこれらのテーマに、さらに脚色が加えられた近代は、伝説を教育・訓育の場で最大限に利用することで、国民の歴史観の醸成に役立たせた。

だがしかし、近代国家のみをここで悪者に仕立てることは正しくない。そこには、朝野あげての〝歴史の時代〟ともいうべき近世江戸期での伝説増幅作用を経ることが必要だったからだ。

伝説のかたみ

近代は伝説を意識して発見した時代だともいえる。むろんある意味では、との限定を付してのことだが。近代の国家はその歴史観において、中世を屈折させた。いきなり難しい言い回しとなったが、どうもそんな気がする。〝そんな気〟を論理で証明することは、どうにも難しい。とりあえず、問題意識をより鮮明にするために二つの補助線を考えてもよい。一つは征服戦争という名の征伐観にかかわる問題であり、二つは内乱・反乱に対する王権との距離にかかわる問題だ。

伝説の延び方という点でいえば、近代はやはり神話を歴史にとけ込ませ、古代史へとソフトランディングさせ、中世の南朝忠臣伝説を愛用することで、忠君愛国観を助長させた。とくに元寇での神国思想の鼓吹は、その愛国観念を強いものとしたにちがいない。たしかに神《じん》功《ぐう》皇后による三韓征伐観、坂上田村麻呂による蝦夷征伐観、そして前九年・後三年合戦での源氏による奥州征伐観とともに、この蒙古襲来での尚武的気運はその最たるものだろう。その極みは豊臣秀吉の「朝鮮征伐」なる名称で代表される、「征伐」史観だろう。前述した歴史上の人物での取捨選択に加えて、事件史のレベルでの征伐史観の醸成は、歴史観の枠組みないし祖型を考えるための材料となろう。

第二の王権とのかかわりでは、順逆の別を明確にするとの立場からの逆臣への筆誅と忠臣への讃美は同根であり、すでにふれたように忠君愛国思想を助長した。戦後の小学校教科書からは姿が消えたが、戦前までの教科書には必ず掲載された中世の武人がいた。八幡太郎義家がそうだ。ここには武神としての八幡神の加護、義家の武略とこれを支える坂東武者との主従結合、さらに私財を投じての所領分与という義侠心、そして異域＝奥羽を制した征伐観と、要は三拍子そろった世界が演出されている。史実と伝説の連鎖の過程を垣間見ることができるようだ。義家伝説の広がりには、近代国家が一役も二役もかっていた。

この問題は以前にもふれたように、例えば為朝の琉球伝説や義経の入満伝説が鮮明に語ってくれるだろう。近代はその意味で伝説が再生し意識された時代ともいえそうだ。〝意識〟云々には若干の注釈が必要だ。具体的にいえば、すでに為朝伝説の場で指摘したように、近代の教科書には琉球入りのことが伝説という形ではあれ、指摘されていた。主に近世に創られたこの伝説を、しかも俗説に近い形で取り沙汰されていたこの類の伝説を、あえて教科書のレベルに紹介する意味、これが〝意識〟の中身ということになる。さらにいえば、その〝意識〟とは伝説を〝発見〟することにもつながっていた。その場合の発見とは、新たな解釈の発見であったことはいうまでもなかろう。解釈の依拠する基盤の一つに、忠君愛国の尺度があったことになる。

それでは伝説の混入に学問は無力であったのであろうか。学問としての近代史学は、かつての伝説を史実から極力離反させようとした。史実への混入を警戒したのだ。〝抹殺博士〟の名で知られる重野《しげの》安繹《やすつぐ》あるいは久米《くめ》邦武《くにたけ》・星野《ほしの》恒《ひさし》などの草創期帝国大学の歴史家たちが、こぞって『太平記』の虚構性や無益性を説くあたりに、こうした事情を読み取ることができる。

伝説に語られている虚説・俗説には、多分に庶民の夢やら国家の思惑やらが同居していた。伝説がふくむ観念の堅固さは、それゆえに学問の正式の土俵で戦うことを拒絶した。〝抹殺博士〟たちの良心はその急進性のゆえか、国家と国民の支持を受けることができなかった。その結果なのかもしれない。学問の成果はとりわけ歴史教育の場面で反映されることは多くはなかったようだ。

あとがき

本書の構想はもともと、一九九二年に刊行した『説話の語る日本の中世』以来、文学と歴史学との接点を模索するなかで、熟したものだった。説話とは別に、伝説が持つ時代性や歴史性を考えるなかで、日本人の歴史観なり歴史認識の祖型を、どうすれば抽出できるかを考えることから、この仕事がはじまった。

『保元物語』『平治物語』『平家物語』『源平盛衰記』『太平記』『吾妻鏡』『梅松論』『曾我物語』『義経記』等々を読み返しながら、一つの伝説がリフレインされつつ、さらなる伝説が形成される。そして、それが中世という時代枠を超え、近世・近代へと継承される。この縦の時代軸への諸相をどのような手段で表現するか。

結局ここでは、第一章とこれに対応する第五章に問題意識の光源を埋め込んだ。民衆への歴史意識を決定づける文芸作品と教科書にかかわる内容を、それぞれに配した。そして中身の第二・三・四の各章は、いわばオムニバス形式にもとづき歴史上の著名な人物を取り上げた。かれらを通じて伝説の広がりとともに、そこから展開される中世史研究の今日的課題を語ることとした。

近世の浄瑠璃あるいは歌舞伎については、あらためて勉強したことも多かった。以前から落語や講談が好きで、新宿の末広亭などの寄席に通っていたことも肥やしになった。〝江戸ワールド〟の場面は肩に力を入れず、楽しみながら書くことができた。これまた私事にわたるが、筆者が歴史人物ファンになったきっかけといえば、いささかおおげさだが小学生のおりに『醒睡笑《せいすいしょう》』と『椿説弓張月』がセットになっている全集物を読んだことが大きかったようだ。ともに江戸時代の作品であった。

またときおり挿入した教科書記述については、以前史学史を少し調べたことがあり、そのおり近代史を若干勉強した程度で、いささか距離があった。ただし、教科書については筆者の以前の仕事の関係もあり、これまた間尺に合いそうだとの判断から議論を提供してみた。

この二つの章にはさまった第二・三・四章が、筆者の本来のフィールド中世の場面である。もっとも伝説を主題とした関係で考察の範囲は中世にとどまらず、時代を超えた議論もせざるを得なかったこともたしかだ。ここで取り上げた道真・将門・田村麻呂・頼光・為朝・義経という人物は、教科書では顔なじみの人物たちだろう。だが、伝説的世界への広がりをテーマにすえた議論は少ない。昨今の歴史学の諸成果をも加味した議論ともなればなおさらだろう。この点でいささかの自負もある。ここに語った内容が単なる人物論を超えた形で、読者に新しい歴史の味わい方を提供できればと思う次第である。

本書は中央公論社より戴いた「国民学術研究賞」の成果、『伝説の中世』の一部である。

ご推挙を賜った児玉幸多先生に謝意を表す次第である。最後に本書の書名をふくめ種々の点で適切なアドバイスをいただいた編集部の木村史彦氏の御労苦にもお礼を述べたい。

一九九八年八月

関　幸彦

〈付録〉軍記作品のなかの武人伝説・説話

『保元物語』〈岩波・日本古典文学大系本〉

関係条項	伝説・説話の内容
(官軍方々手分けの事) (新院為義を召さるる事) (新院御所各門々固めの事付けたり軍評定の事) (将軍塚鳴動幷びに彗星出づる事) (官軍勢汰へ幷びに主上三条殿に行幸の事) (白河殿へ義朝夜討ちに寄せらるる事) (朝敵の宿所焼き払ふ事) (為義降参の事)	・平将軍将門の系譜 ・頼義と安倍貞任・宗任の関係 ・将門・純友、貞任・宗任、田村・利仁、および頼光・保昌について ・承平に将門、天慶に純友、天喜に貞任・宗任の表現 ・八竜の鎧の来歴 ・先祖八幡太郎義家、貞任追討の話 ・将門と尊意僧正の関係 ・頼義の十二年の合戦、義家の後三年の戦について

（為義最後の事）	・将門が下総国相馬郡に都をたて、平親王と号したこと ・鎮守府将軍頼義の子孫の武略

『平治物語』〈岩波・日本古典文学大系本〉

関係条項	伝説・説話の内容
（源氏勢汰への事） （待賢門の軍の事付けたり信頼落つる事） （義朝奥波賀に落ち著く事） （長田六波羅に馳せ参る事付けたり尾州に逃げ下る事） （悪源太雷となる事）	・源氏の相伝の太刀、鎧の来歴 ・平氏の相伝の太刀抜丸などの来歴 ・頼朝の鬚切の威力と由来 ・義朝・正清と将門・純友の乱との対比 ・義平が雷神となった話

『源平盛衰記』〈新定・源平盛衰記本〉

関係条項	伝説・説話の内容
巻一（剣巻）	・承平の将門、天慶の純友、康和の義親、平治の信頼

	・唐皮の鎧、小烏の太刀の由来
巻二	・貞盛、秀郷、頼義、義家の武略例など
巻四	・大江匡房の伝説、頼政伝説
	・将門の調伏と住吉社との関係説話
巻六	・坂上田村麻呂のこと
	・貞盛と相馬小次郎将門、頼義と貞任・宗任のこと
巻八	・崇徳院の伝説、天狗伝説など
巻一〇	・一条戻橋伝説と浄蔵貴所について
	・安倍晴明伝説、頼豪伝説
巻一一	・難波経俊、布引滝のこと
	・竜宮伝説
	・将軍塚の由来
	・崇徳院、天狗伝説
	・道真、北野天神、醍醐天皇の関係伝説
巻一四	・坂上将軍のこと
巻一六	・満仲伝説、西宮大臣のこと、頼政の鵺退治のこと
	・将軍塚の話
巻一七	・将軍および義親のこと

巻一八	・懐島（大庭）景義の外ヶ浜の夢見談
巻一九	・文覚伝説
巻二二	・俵藤太秀郷と将門のこと
巻二三	・平貞盛、将門追討の賞のこと、藤原忠文怨霊説話
巻二四	・平将門の逸話
巻二七	・余五将軍維茂のこと ・承平の将門、天慶の純友
巻三〇	・斎藤実盛と利仁の話 ・将門、純友のこと ・藤原広嗣伝説
巻三二	・将門、秀郷、貞盛のこと ・清和天皇即位の惟喬・惟仁親王の逸話 ・北野天神、道真のこと
巻三三	・平将軍貞盛、相馬小次郎の説話
巻三四	・将門、純友の話
巻三五	・朝比奈三郎の伝説 ・朝日将軍伝説
巻三六	・将門の相馬の都と福原の都の対比

関係条項	伝説・説話の内容
巻三八	・平将軍貞盛、相馬小次郎のこと
巻三九	・滝口入道伝説
巻四〇	・唐皮と小烏の由来談 ・平将軍貞盛と相馬小次郎の話
巻四四	・宝剣由来 ・竜宮伝説

『平家物語』〈岩波・日本古典文学大系本〉

関係条項	伝説・説話の内容
巻一（祇園精舎）	・将門、純友、義親、信頼のことども
巻一（殿下乗合）	・貞盛と将門、頼義と貞任・宗任、義家と武衡・家衡の話
巻二（小教訓）	・北野天神と時平、西宮大臣と満仲
巻三（赦文）	・崇徳院の怨霊、亡魂の事例、早良親王、井上内親王、観算供奉などの例
（頼豪）	・頼豪伝説
（医師問答）	・醍醐天皇の逸話
（無文）	・平家重代の太刀

巻四（宮御最期）	・朝敵将門のこと
（鵼）	・頼政の武勇談
巻五（都遷）	・義家の鳴弦の儀
（朝敵揃）	・将軍塚 ・橘逸成、氷上川継、伊予親王、藤原広嗣、恵美押勝、早良親王、井上内親王、藤原仲成、平将門、藤原純友、安倍貞任・宗任、源義親、藤原頼長、藤原信頼のことども
（富士川）	・貞盛と将門、正盛と義親のこと ・斎藤別当実盛、利仁のこと
巻六（五節之沙汰）	・貞盛、将門伝説、宇治民部卿忠文の恩賞問題
（廻文）	・田村、利仁、余五将軍および平致頼、藤原保昌、源頼光、義家のことども
（飛脚到来）	・余五将軍と越後の城氏の系譜
（横田河原合戦）	・将門と純友の追討先例の祈願の話
巻七（願書）	・頼義、義家伝説
（還亡）	・藤原広嗣、玄昉、吉備真備、将門・純友の乱の先例
巻八（名虎）	・道真伝説 ・惟仁、惟喬親王の話、伴善男伝説

(緒環)	・緒方惟義伝説
(征夷将軍院宣)	・後三年合戦での義家の先例
巻九(三草勢揃)	・将門の下総相馬郡のこと、平親王伝説
(二度之懸)	・後三年合戦、鎌倉権五郎景正の話
巻一〇(請文)	・将門、純友伝説
(千手前)	・北野天神の話
(横笛)	・斎藤時頼(滝口入道)の話
(維盛出家)	・貞盛から維盛まで九代相伝の唐皮の鎧、小鳥の太刀のこと
(維盛入水)	・頼義伝説
巻一一(弓流)	・為朝強弓の伝説
(剣)	・竜宮伝説
灌頂巻(六道之沙汰)	・竜宮城、日蔵上人のこと

『太平記』〈岩波・日本古典文学大系本〉

関係条項	伝説・説話の内容
巻二(俊基朝臣再関東下向事)	・平重衡、西行伝説
(長崎新左衛門尉意見事付阿新殿事)	・義時、泰時の話

巻四（笠置囚人死罪流刑事付藤房卿事）	・小野篁伝説
（先帝遷幸事）	・福原伝説、源氏物語、光源氏の話
巻五（時政参籠榎島事）	・北条時政と江ノ島伝説
（大塔宮熊野落事）	・維盛伝説、北野社のこと
巻六（赤坂合戦事付人見本間抜懸事）	・熊谷直実、平山季重の先例
巻七（新田義貞賜綸旨事）	・源平交替思想について
巻九（足利殿御上洛事）	・義仲および清水冠者のこと
（高氏被籠願書於篠村八幡宮事）	・源氏と八幡神との関係
（六波羅攻事）	・利仁将軍の伝説
巻一二（大内裏造営事付聖廟御事）	・道真、天神伝説、醍醐天皇の地獄落ち
（広有射怪鳥事）	・頼政の鵺退治伝説
巻一四（新田足利確執奏状事）	・義家の後三年合戦の話
（節度使下向事）	・維盛の頼朝追討の例、および正盛の義親追討の例
（将軍御進発大渡・山崎等合戦事）	・足利又太郎、佐々木高綱の先陣争い
巻一五（園城寺戒壇事）	・頼豪伝説
（三井寺合戦幷当寺撞鐘事付俵藤太事）	・竜宮城と俵藤太秀郷、将門伝説

巻一六（多々良浜合戦事付高駿河守引例事）（児島三郎熊山挙旗事付船坂合戦事）（新田殿湊河合戦事）（日本朝敵事）

巻一七（山攻事付日吉神託事）（立儲君被着于義貞事付鬼切被進日吉事）

巻一八（春宮還御事付一宮御息所事）

巻一九（本朝将軍補任兄弟無其例事）（相摸次郎時行勅免事）

・頼朝の土肥杉山の七騎落
・鎌倉権五郎景政の伝説
・多田満仲以来の相伝の太刀の話
・将門の米カミ伝説
・藤原仲成、純友、義親、悪左府頼長、六条判官為義、悪右衛門信頼、安倍貞任・宗任、清原武衡、平相国清盛、木曾義仲、阿佐原（浅原）為頼、北条高時
・筑紫ノ八郎為朝のこと
・鬼切伝説
・北野天神伝説
・坂上田村、文室、藤原忠文、宗盛、知盛、頼朝、義仲、頼家、実朝のこと
・義朝の話

巻二〇（義貞牒山門同返牒事）
（義貞自害事）
巻二一（塩冶判官讒死事）
巻二二（義助被参芳野事并隆資卿物語事）
巻二三（大森彦七事）
巻二五（自伊勢進宝剣事付黄粱夢事）
（就直義病悩上皇御願書事）
巻二六（四条縄手合戦事付上山討死事）
（芳野炎上事）
巻二七（雲景未来記事）
巻二八（三角入道謀叛事）
（左兵衛督欲誅師直事）

・将門の鉄身伝説
・源家重代の鬼切・鬼丸説話
・頼政伝説、源氏物語のこと
・維盛の富士川合戦
・悪七兵衛景清の話
・正成に伴う人々――後醍醐天皇、護良親王、新田義貞、平忠正、源義経、平教経
・重盛伝説
・安徳天皇の竜宮伝説
・八幡太郎義家伝説
・北野天神、日蔵上人、延喜帝のこと
・崇徳院、為義、為朝など
・頼朝から高時のことまで
・義時の後鳥羽院配流
・安徳天皇の海没伝説
・藤原保昌伝説
・足利又太郎の宇治川合戦の話

（自持明院殿被成院宣事）	・鎮守府将軍のこと
巻二九（将軍親子御退失事付井原石窟事）	・将門伝説
巻三〇（吉野殿与相公羽林御和睦事付住吉松折事）	・清盛の白河院落胤伝説
巻三一（八幡合戦事付官軍夜討事）	・将軍塚説話
巻三二（直冬上洛事付鬼丸鬼切事）	・鬼丸・鬼切の由来、頼光伝説、渡辺綱、鈴鹿御前、田村将軍の話
巻三三（崇徳院御事）	・崇徳院の御霊
（新田左兵衛佐義興自害事）	・義興の怨霊説話
巻三四（二度紀伊国軍事付住吉楠折事）	・将門の乱での住吉社、山王社の霊験
巻三五（北野通夜物語事付青砥左衛門事）	・前九年・後三年の合戦 ・道真伝説、醍醐天皇、日蔵上人 ・泰時伝説、時頼伝説、青砥藤綱伝説
巻三六（清氏叛逆事付相摸守子息元服事）	・八幡太郎、加茂次郎、新羅三郎の話
巻三八（細川相摸守討死事付西長尾軍事）	・義仲および義貞の話
巻三九（芳賀兵衛入道軍事）	・朝比奈三郎説話
（神功皇后攻新羅給事）	・神功皇后伝説

参考文献

第一章

『燕石雑志』（有朋堂　一九二七）
『曾我物語』（〈日本古典文学大系〉岩波書店　一九六六）
石川松太郎編『日本教科書大系』（〈往来編　第一一巻　歴史〉講談社　一九七〇）
横山邦治『読本の研究』（風間書房　一九七四）
『御伽草子・仮名草子』（〈鑑賞日本古典文学〉第二六巻　角川書店　一九七六）
『中世説話集』（〈鑑賞日本古典文学〉第二三巻　角川書店　一九七七）
『浄瑠璃・歌舞伎』（〈鑑賞日本古典文学〉第三〇巻　角川書店　一九七七）
『秋成・馬琴』（〈鑑賞日本古典文学〉第三五巻　角川書店　一九七七）
津田左右吉『文学に現はれたる我が国民思想の研究』（六）（岩波文庫　一九七八）
「田村の草子」（『室町時代物語大成』第九　角川書店　一九八一）
石黒吉次郎『中世演劇の諸相』（桜楓社　一九八三）
島津久基編著『近古小説新纂』（有精堂　一九八三）
山下宏明『軍記物語の方法』（有精堂　一九八三）
『参考　源平盛衰記』（〈改定史籍集覧〉臨川書店　一九八四）
粉川　宏『国定教科書』（新潮選書　一九八五）
藤掛和美『室町期物語の近世的展開』（和泉選書　一九八七）
諏訪春雄『聖と俗のドラマツルギー』（学芸書林　一九八八）
『前太平記』上下（〈叢書江戸文庫〉国書刊行会　一九八八、一九八九）

『前々太平記』〈叢書江戸文庫〉国書刊行会　一九八八
『曲亭馬琴読本漢文体自序集』（解説　清田啓子　朋文出版　一九八八）
『広益俗説弁』（井沢蟠竜著・白石良夫校訂　東洋文庫　平凡社　一九八九）
金井清光『中世芸能と仏教』（新典社　一九九一）
上総英郎『時代浄瑠璃の世界』（朝文社　一九九一）
中村紀久二『教科書の社会史』（岩波新書　一九九二）
山下宏明編『平家物語　受容と変容』（有精堂　一九九三）
関屋俊彦『狂言史の基礎的研究』（和泉書院　一九九四）
中村　格『室町能楽論考』（わんや書店　一九九四）
黒田日出男『歴史としての御伽草子』（ぺりかん社　一九九六）

第二章
喜田貞吉「日の本将軍」（『民族と歴史』二―三　一九三四／再録『喜田貞吉著作集』九　平凡社　一九八〇）
林屋辰三郎「天神信仰の遍歴」（『北野天神縁起』〈日本絵巻物全集〉解説　角川書店　一九五九）
町田嘉章・浅野建二編『わらべうた』（岩波文庫　一九六二）
笠井昌昭『天神縁起の歴史』（雄山閣　一九七三）
太宰府天満宮文化研究所編『菅原道真と太宰府天満宮』上下（吉川弘文館　一九七五）
黒田俊雄『日本中世の国家と宗教』（岩波書店　一九七五）
梶原正昭・矢代和夫『将門伝説』（新読書社　一九七五）
速水　侑『地蔵信仰』（塙新書　一九七五）
福田豊彦「源平闘諍録――その千葉氏関係の説話を中心として」（『東京工業大学人文論叢』一九七

五）
黒田俊雄『寺社勢力』（岩波新書　一九八〇）
福田豊彦『平将門の乱』（岩波新書　一九八一）
村上重良『日本の宗教』（岩波ジュニア新書　一九八一）
河音能平『中世封建社会の首都と農村』（東京大学出版会　一九八四）
中野幡能『八幡信仰』（塙新書　一九八五）
遠藤　巌「蝦夷安東氏小論」（『歴史評論』四三四　一九八六）
村山修一『変貌する神と仏たち』（人文書院　一九九〇）
入間田宣夫「日本将軍と朝日将軍」（『東北大学教養部紀要』五十四　一九九〇）
入間田宣夫「中世奥北の自己認識」（北海道・東北史研究会編『北からの日本史』二　三省堂　一九九〇）
福田豊彦「将門伝説の形成」（『鎌倉時代文化伝播の研究』吉川弘文館　一九九三）
高橋富雄『奥州藤原氏――その光と影』（吉川弘文館　一九九三）
川添昭二『九州の中世世界』（海鳥社　一九九四）
新野直吉『田村麻呂と阿弖流為』（吉川弘文館　一九九四）
義江彰夫『神仏習合』（岩波新書　一九九六）

第三章

高橋　崇『坂上田村麻呂』（人物叢書　吉川弘文館　一九五九）
鮎沢　寿『源頼光』（人物叢書　吉川弘文館　一九六八）
高崎正秀『金太郎誕生譚』（桜楓社　一九六九）
『妙本寺本　曾我物語』（角川源義校訂・解説　角川書店　一九六九）

佐竹昭広『酒呑童子異聞』（平凡社　一九七七）
小松和彦「怪物退治と異類婚姻」（『神々の精神史』伝統と現代社　一九七八）
池上洵一「『今昔物語集』の芋粥――巻廿六　第十七話をめぐって」（『論纂――説話と説話文学』笠間書院　一九七九）
大島建彦「山姥と金太郎」（『天明文学――資料と研究』東京堂　一九七九）
保立道久「庄園制的身分配置と社会史研究の課題――庄園制下の贈与・給養と客人歓待」（『歴史評論』三八〇　一九八二）
三浦圭一「中世における畿内の位置――渡辺惣官職を素材として」（『中世民衆生活史の研究』思文閣出版　一九八一）
『室町時代物語大成』第九（角川書店　一九八一）
池上洵一『『今昔物語集』の世界――中世のあけぼの』（筑摩書房　一九八三）
五味文彦『平家物語、史と説話』（平凡社　一九八七）
海保嶺夫『中世の蝦夷地』（吉川弘文館　一九八七）
『境・峠・道』（『週刊朝日百科　日本の歴史』五八　朝日新聞社　一九八七）
大石直正「中世の奥羽と北海道」（北海道・東北史研究会編『北からの日本史』三省堂　一九八八）
高橋昌明「説話の奥行を探る――利仁征新羅将軍を素材として」（『リベルス』6　柏書房　一九九二）
高橋昌明『酒呑童子の誕生』（中公新書　一九九二）
野口　実『武家の棟梁の条件』（中公新書　一九九四）
保立道久『平安王朝』（岩波新書　一九九六）

第四章

大森金五郎『武家時代之研究』（冨山房　一九二三）
田中健夫『中世海外交渉史の研究』（東京大学出版会　一九五九）
角川源義・村上　学編『赤木文庫本　義経物語』〈貴重古典籍叢刊〉10　角川書店　一九七四）
横山邦治『読本の研究』（風間書房　一九七四）
村山修一『日本陰陽道史総説』（塙書房　一九八一）
海保嶺夫編『中世蝦夷史料』（三一書房　一九八三）
小松和彦「蓑笠をめぐるフォークロア」（『異人論　民俗社会の心性』青土社　一九八五）
高橋公明「室町幕府の外交姿勢」（『歴史学研究』五四六　一九八五）
黒田日出男『境界の中世　象徴の中世』（東京大学出版会　一九八六）
『海――環シナ海と環日本海』（『週刊朝日百科　日本の歴史』一五　朝日新聞社　一九八六）
海保嶺夫『中世の蝦夷地』（吉川弘文館　一九八七）
山路愛山『源頼朝』（東洋文庫　平凡社　一九八七）
関　幸彦『武士団研究の歩み』Ⅰ（新人物往来社　一九八八）
村井章介『アジアのなかの中世日本』（校倉書房　一九八八）
菊池徹夫・福田豊彦編『北の中世　津軽・北海道』〈よみがえる中世〉四　平凡社　一九八九）
樋口州男『中世の史実と伝承』（東京堂　一九九一）
関　幸彦『説話の語る日本の中世』（そしえて　一九九二）
野口　実「薩摩・琉球地域」（『中世日本の地域的諸相』南窓社　一九九二）
高橋昌明「鬼と天狗」（岩波講座『日本通史』中世2　一九九四）
深沢　徹『中世神話の煉丹術』（人文書院　一九九四）

福田豊彦編『中世の社会と武力』（吉川弘文館　一九九四）
網野善彦・石井　進編『東シナ海を囲む中世世界』（〈中世の風景を読む〉7　新人物往来社　一九九五）
黒田日出男『歴史としての御伽草子』（ぺりかん社　一九九六）
村井章介他編『境界の日本史』（山川出版社　一九九七）
鈴木　哲・関　幸彦『怨霊の宴』（新人物往来社　一九九七）

第五章

海後宗臣『歴史教育の歴史』（UP選書　東京大学出版会　一九六九）
石川松太郎編『日本教科書大系』（〈往来編　第一一巻　歴史〉講談社　一九七〇）
加藤　章他編『講座　歴史教育I　歴史教育の歴史』（弘文堂　一九八二）
粉川　宏『国定教科書』（新潮選書　一九八五）
三好信浩『商売往来の世界』（NHKブックス　日本放送出版協会　一九八七）
石川松太郎『往来物の成立と展開』（雄松堂　一九八八）
梶山雅史『近代日本教科書史研究』（ミネルヴァ書房　一九八八）
関　幸彦『武士団研究の歩み』I（新人物往来社　一九八八）
三好信浩「歴史教材と教科書」（安田元久監修『歴史教育と歴史学』山川出版社　一九九一）
浅黄谷剛寛・関　幸彦編『社会・地歴科通論』（南窓社　一九九四）
関　幸彦『ミカドの国の歴史学』（新人物往来社　一九九四）
海後宗臣監修『図説・教科書の歴史』（日本図書センター　一九九六）

学術文庫版のあとがき

本書は旧著『蘇る中世の英雄たち』(中公新書)を『英雄伝説の日本史』と改題し、文庫版として再刊したものである。文庫化にさいしては若干の字句の修正をほどこした程度で、大幅な内容の変更はおこなっていない。

旧著は一九九八年の奥付だから、二十余年前のことだ。筆者が四十代半ばのころの仕事だった。文部省(当時)から大学へ転出した時期と記憶している。執筆の意図や思惑については、原本の〈あとがき〉(二〇〇頁)にふれてあるので参照されたい。

それにしても月日の経過は早い。誰しもが思うことだろうが、今更ながらにそう感ずる。この間、なにがしかの著作を世に問うてきた。それぞれの仕事には時宜に応じたきっかけがある。今回の修正作業を通して改めてあの頃、その時期のことが思い起こされた。「中世を軸に近世・近代を視野に日本史全体を通覧する」。教科書に関係する仕事に身を置いた経験が小さくなかったと思う。さらに歴史学と文学あるいは文芸とのかかわりにも目配りをしたかった。それは歴史認識や歴史観の創られ方への関心にもつながっていた。

この二つながらを合体したらどんな叙述のしかたが可能なのか。ともかく幅広く歴史学の裾野を耕そうとした。そんな想いでかつて筆を執った。本書が出版された当初、新聞の書評欄にも取り上げられ、好評を得たことも記憶している。

旧著の書名にかわり、『英雄伝説の日本史』にさせていただいた。中世の英雄たちの虚実の変遷を近代まで通覧するとの意図からすれば、本書の趣旨が反映されていると思っている。今回改めて学術文庫に収録され、さらに広い読者の方に接する機会を与えられ、有難く思っている。メインストリームにはなり得ない主題に関して、その価値を見出して頂いたことは、筆者をふくめ、当分野の研究に携わっている人々の励みともなろう。此度もまた編集部の梶慎一郎氏に書名その他のことで多大の労をお取りいただいた。改めて感謝申し上げたい。

二〇一九年十一月

関　幸彦

本書は、一九九八年に中央公論社より刊行された『蘇る中世の英雄たち――「武威の来歴」を問う』を、文庫化にあたり改題したものです。

関　幸彦（せき　ゆきひこ）

1952年生まれ。学習院大学大学院人文科学研究科史学専攻後期博士課程満期退学。現在，日本大学文理学部教授。主な著書に『武士の誕生』『「国史」の誕生』『北条政子』『東北の争乱と奥州合戦』『「鎌倉」とはなにか』『百人一首の歴史学』『その後の東国武士団』『承久の乱と後鳥羽院』『武士の原像』『恋する武士　闘う貴族』ほか。

講談社学術文庫

定価はカバーに表示してあります。

英雄伝説《えいゆうでんせつ》の日本史《にほんし》

関《せき》　幸彦《ゆきひこ》

2019年12月10日　第1刷発行

発行者　渡瀬昌彦
発行所　株式会社講談社
東京都文京区音羽 2-12-21 〒112-8001
電話　編集（03）5395-3512
販売（03）5395-4415
業務（03）5395-3615
装　幀　蟹江征治
印　刷　豊国印刷株式会社
製　本　株式会社国宝社
本文データ制作　講談社デジタル製作

ISBN978-4-06-518205-5

「講談社学術文庫」の刊行に当たって

これは、学術をポケットに入れることをモットーとして生まれた文庫である。学術は少年の心を養い、成年の心を満たす。その学術がポケットにはいる形で、万人のものになることは、生涯教育をうたう現代の理想である。

こうした考え方は、学術を巨大な城のように見る世間の常識に反するかもしれない。また、一部の人たちからは、学術の権威をおとすものと非難されるかもしれない。しかし、それはいずれも学術の新しい在り方を解しないものといわざるをえない。

学術は、まず魔術への挑戦から始まった。やがて、いわゆる常識をつぎつぎに改めていった。学術の権威は、幾百年、幾千年にわたる、苦しい戦いの成果である。こうしてきずきあげられた城が、一見して近づきがたいものにうつるのは、そのためである。しかし、学術の権威を、その形の上だけで判断してはならない。その生成のあとをかえりみれば、その根は常に人々の生活の中にあった。学術が大きな力たりうるのはそのためであって、生活をはなれた学術は、どこにもない。

開かれた社会といわれる現代にとって、これはまったく自明である。生活と学術との間に、もし距離があるとすれば、何をおいてもこれを埋めねばならない。もしこの距離が形の上の迷信からきているとすれば、その迷信をうち破らねばならぬ。

学術文庫は、内外の迷信を打破し、学術のために新しい天地をひらく意図をもって生まれた。文庫という小さい形と、学術という壮大な城とが、完全に両立するためには、なおいくらかの時を必要とするであろう。しかし、学術をポケットにした社会が、人間の生活にとってより豊かな社会であることは、たしかである。そうした社会の実現のために、文庫の世界に新しいジャンルを加えることができれば幸いである。

一九七六年六月

野間省一